弁護士のための
家事事件税務の基本

相続・離婚をめぐる税法実務

弁護士・税理士
馬渕泰至 [著]
Mabuchi Yasushi

学陽書房

推薦のことば

　相続や離婚において、金銭や不動産等の経済的価値が移転すると、経済的価値の移転に伴って新たな課税関係が発生します。とりわけ、依頼者の権利を護ると、それが経済的利益を生み、依頼者に税負担が生じます。しかし、一般に弁護士は、課税関係まで意識をしないことが多く、当事者や税理士が後々課税関係の後処理に困ってしまうことが少なくありません。

　私は、常日頃、納税者の権利の重要性を指摘し、納税者を護る立場にある弁護士が租税法を理解することの重要性、さらには、納税者に一番近い存在である税理士が法律を学ぶことの重要性を、強調してきました。

　馬渕泰至氏は、弁護士として多忙な日々を過ごしながら、青山学院大学大学院の門を叩き、租税法を学ばれました。弁護士が租税法の分野に積極的に関わってくれるのは喜ばしいことです。

　本書は、租税法を学ばれた馬渕泰至氏が、多くの弁護士に家事事件における課税問題を理解してもらいたいとの思いから執筆されました。第1編の基礎編は、私が、常日頃、学生たちに教えている所得税法や相続税法の基本理論を分かりやすく丁寧に解きほぐしたものであり、租税法を学んだことのない弁護士にも親しみをもって読んでいただけるのではないかと思います。また、第2編の実務編は、より弁護士実務に即した課税関係に言及されています。

　本書は実務マニュアルということで、租税法の基本的な部分にしか触れられていませんが、他方で、弁護士実務において最低限必要な租税法の知識は網羅されていると思います。

　本書は弁護士が家事事件における課税関係の基本を理解するのに有用であり、家事事件の実務において本書が活用されることを願っております。また、本書をきっかけにたくさんの弁護士が租税法に関心を持っていただければこんなに嬉しいことはありません。

　平成28年9月

青山学院大学　学長　三木義一

推薦のことば

　弁護士は通例、業務として民事事件を処理することが圧倒的に多いのですが、一般に、その処理に課税問題が絡むことは多いといえます。家事事件の場合も例外ではありません。こうした例は枚挙にいとまがありません。なかでも有名な例は、離婚の際の財産分与について分与者に所得税法の譲渡所得課税が行われるとした最高裁判例です。これによって示された課税関係は、恐らくは、民法の普通の理解からいくら考えようとしてもただちに考えつくようなものとはいえません。そこでは税法独自の理屈の理解が必要になります。

　また、近年では、社会的に人々の意識に急激な変化がみられる一方、インターネット上には経済的情報はもとより民事法関係や課税関係等の情報があふれている環境下において民事事件（家事事件）の処理が求められるようになっています。そこでは、その処理にあたって単に民事事件の処理だけを考えるのではなく、その課税関係までも見通した事件処理が求められるようになっていることを意味するように思われます。

　このような中で、馬渕泰至弁護士がこの度、家事事件の処理とその処理における課税関係を説明・検討する著書を著されました。本書は、弁護士が家事事件の処理に当たって押さえるべき税法理論と注意すべき課税関係について弁護士目線から説明することを目的とし、また、「基礎編」と「実務編」に分け、課税の理屈を易しく述べた上で、弁護士のかかわる家事事件の類型ごとに課税問題を説明・検討しようとした点に特徴があります。このような本書は、まさに冒頭で述べたような弁護士実務の要請や環境に応えるものといえます。さらに本書は、弁護士が税理士と連携するための条件にも言及していますが、同様のことは税理士の側にも求められるように思います。

　馬渕弁護士は、多忙な実務の間をぬって本学大学院ビジネス法務専攻（税法務プログラム）を修了され、現在、中堅弁護士として税法事件にも積極的に関与されています。本書にはこうして得た知見が随所に織り込まれています。

　このような本書が、家事事件の処理等の実務において、単に弁護士にとどまらず税理士の側でもひろく活用されることを願って、本書を推薦します。

平成28年9月

青山学院大学名誉教授　中村芳昭

はしがき

　家事事件は、通常の民事事件と異なり、課税問題が複雑に絡んできます。

　例えば、相続人が限定承認をすると、被相続人から相続人に相続財産を時価で譲渡したものとみなされ、不動産など含み益のある相続財産には所得税（譲渡所得）が課税されてしまいます。また、相続人間で遺産分割をやり直すと、新たな譲渡（交換、贈与）がなされたものとみなされ、当初の遺産分割の内容で相続税は課税され、さらにやり直しにおいて新たな課税関係まで発生してしまいます。

　離婚案件においては、財産分与として不動産を譲渡すると、譲渡者に譲渡所得課税がなされる可能性があります。

　上記は、家事事件において課税問題が絡む典型的なケースです。

　クライアントにとって、家事事件における課税問題は、家事事件の処理そのものに匹敵するくらいの重大な関心事であり、家事事件を処理する弁護士としても、課税問題は避けては通れない問題です。

　しかし、弁護士が押さえておきたい税法理論を、弁護士目線で分かりやすく解説したり、弁護士が案件処理において注意すべき課税関係を丁寧に説明したりする書籍や講座はまだまだ少ないように思います。

　私は、青山学院大学大学院法学研究科で税法を学ぶ機会があり、幸運なことに、日本弁護士会連合会、東京弁護士会、長野県弁護士会などで、「家事事件における課税問題」の講師を務める機会をいただき、弁護士目線で「家事事件における課税問題」を整理して参りました。

　そんな折り、学陽書房から、家事事件の課税問題に着目した本を出さないかという話をいただき、今までの講演資料を整理し、不足部分を新たに掘り下げ、本書を上梓いたしました。

本書は「基礎編」と「実務編」の2編で構成されています。
　「基礎編」は、弁護士が苦手意識を持つ税法（相続税法、所得税法）を、弁護士が理解しやすいように「理屈重視」を心がけ、弁護士目線で執筆しております。
　また、「実務編」は、税目の順番に解説をするのではなく、弁護士の関わる家事事件の類型ごとに、注意すべき課税関係を網羅的に言及、検討しております。
　本書の「基礎編」は通読いただき、「実務編」は実際に関わっている事案に該当する部分を読んでいただけると、家事事件における課税問題は概ね理解いただけるものと自負しております。
　本書が弁護士の皆様の家事事件実務の一助となれば幸いです。

　最後に、青山学院大学大学院法学研究科（および卒業生）の池田清貴さん、大前和歌さん、高橋ちぐささん、田村裕樹さんからは、それぞれ、弁護士、税理士の立場から、有意義なご助言をたくさんいただきました。また、青山学院大学学長の三木義一先生、青山学院大学名誉教授の中村芳昭先生には、長年にわたり、税法務に関する御指導をいただき、本書執筆にあたり、たくさんの示唆をいただきました。
　さらに、学陽書房の伊藤真理江さんからは、本書企画の提案をいただきましたが、この提案がなければ、本書は存在しなかったものと思います。また、企画段階から出版に至るまであたたかく支えていただきました。
　この場を借りて、厚く御礼申し上げます。

平成28年9月

弁護士・税理士　馬渕泰至

CONTENTS

推薦のことば……iii

はしがき……vii

凡例……xv

解説動画について……xvi

第1編 基礎編

第1章 家事事件における税法の重要性……2

1 はじめに──税法の考え方……2
2 担税力……3
3 個人・法人の区別……4

第2章 各種税目の概要と税率……11

1 相続税……11
(1) 相続税は誰に課税されるのか……11
(2) 遺産税方式と遺産取得税方式……13
(3) 相続税額の算定方法……15

（4）相続財産の評価と各種特例……25
　　　（5）相続税の申告納税……31

2　贈与税……38

　　　（1）贈与税の目的……38
　　　（2）贈与税額の算定方法（暦年課税制度）……40
　　　（3）贈与税の申告納税……42
　　　（4）相続時精算課税制度……44
　　　（5）贈与税の特例……47

3　所得税……48

　　　（1）所得税の仕組み……48
　　　（2）役務提供グループ（所得区分）……50
　　　（3）資産譲渡グループ（所得区分）……55
　　　（4）不労所得グループ（所得区分）……60
　　　（5）その他の所得グループ（所得区分）……61
　　　（6）所得税の計算・申告納税……66
　　　（7）源泉徴収制度・年末調整……67

4　相続における所得税の留意点……70

　　　（1）相続による資産の取得と所得税……70
　　　（2）相続による資産の譲渡と所得税……72

Columun 1　確定申告後の手続の流れ（税務争訟）……80

第2編 実務編

第1章 相続における課税関係……84

1 基本的な遺産分割
——譲渡所得を考慮しないケース……84

(1) 相続税の申告・納税義務……84

(2) 申告期限までに遺産分割協議がまとまらない場合の対応……85

(3) 相続開始前3年以内の生前贈与の取扱い……85

(4) みなし相続財産……86

(5) 連帯納付義務……87

(6) 相続税の立替えと求償権の放棄……89

(7) 相続の放棄と基礎控除……89

(8) 所得税の準確定申告……89

2 不動産の共有分割・現物分割……90

(1) 相続税……90

(2) 譲渡所得の不発生（取得費の引継ぎ）……90

(3) 限定承認をした場合（みなし譲渡）……92

3　一方が不動産を、他方が現預金を相続……93

（1）相続税……93
（2）譲渡所得の不発生（取得費の引継ぎ）……93
（3）限定承認をした場合（みなし譲渡）……93
（4）不動産と現預金の価値……94

4　不動産の換価分割……94

（1）相続税……95
（2）譲渡所得……95

5　不動産の代償分割……96

（1）相続税……96
（2）相続税の課税価格（分担）……96
（3）代償金と取得費……98

6　相続分の譲渡……99

（1）有償譲渡の場合……100
（2）無償譲渡の場合……100

7　限定承認を経た遺産分割……100

（1）限定承認によるみなし譲渡……101
（2）限定承認により債務超過となる場合……101

8 遺産分割のやり直し……102

(1) 無効原因によるやり直し……102
(2) 合意解除によるやり直し……102
(3) 訴訟による判断と馴れ合い訴訟……104

9 遺留分減殺請求……105

(1) 当初申告前に遺産分割協議がまとまった場合……105
(2) 当初申告後に遺産分割協議がまとまった場合……105
(3) 遺留分減殺請求の遡及効と税務の関係
（価額弁償の場合）……105

10 法人への贈与（遺言・遺産分割）……107

(1) 法人への遺贈によるみなし譲渡（ケース１）……107
(2) 遺産分割による法人への贈与（ケース２）……109

第2章 離婚における課税関係……110

1 慰謝料……110

(1) 慰謝料と贈与税……110
(2) 慰謝料と所得税……111
(3) 慰謝料を所有不動産で代物弁済した場合……112

2 財産分与……115

(1) 金銭を財産分与した場合……115

（2）所有不動産を財産分与した場合……116

3 養育費……119

第3章 税理士との連携方法……122

1 連携の困難さ
　　──相互に感じる不満やストレス……123

2 連携が困難な背景……126

3 より機能的な連携に向けて
　　──新時代の弁護士に要求されるもの……127

Columun 2　税務調査……130

資料編

- 贈与税（暦年贈与）の速算表……134
- 相続税の速算表……135
- 所得税（総合課税）の速算表……136
- 所得税の納税額確定……136
- 所得税（譲渡所得・分離課税）の税率……137
- 源泉徴収の対象とされる主な所得……138
- （旧）弁護士報酬会規早見表……139

凡 例

○法令等の内容は、平成28年10月1日現在のものによります。
○罫線で囲った参照条文は、原則として〔中略〕表記なく抄録としています。
○本文中、法令等および判例を略記した箇所があります。括弧内では次のように表記しています。

　　　［例］相法35Ⅱ①　　⇒　　相続税法第35条第2項第1号
○本書で使用した法令等の略記については、次の略記表を参照してください。

略記表

〈略記〉	〈正式〉
●**法令**	
憲	憲法
民	民法
刑	刑法
所法	所得税法
相法	相続税法
措法	租税特別措置法
国通	国税通則法
所令	所得税法施行令
●**通達**	
評基通	財産評価基本通達
所基通	所得税基本通達
相基通	相続税法基本通達
●**判例**	
最判（決）	最高裁判所判決（決定）
高判（決）	高等裁判所判決（決定）
地判（決）	地方裁判所判決（決定）

解説動画について

　本書の内容の一部をテーマとした、著者による解説動画を無料でご覧いただけます。

◆ご利用方法
①学陽書房ホームページ上の本書のページにアクセスする。
　本書のページのURL：http://www.gakuyo.co.jp/book/b251268.html

　※学陽書房ホームページ内のキーワード検索に本書タイトルを入力していただくか、下記のQRコードを読み取っていただいても、本書のページにアクセスすることができます。

QRコード：

②「内容説明」にある動画のURLをクリックする。

◆利用上の注意点
○本動画は、書籍をご購入いただいた方に向けて公開するデータのため、本書購入者が自己のために利用する範囲内において、自由にご利用いただいて構いません。ただし、本動画のデータおよび内容を著者の承諾なしに、無断で複製・公開することはできません。
○本動画は、提供期間を限定させていただくことがあります。つきましては、予告なく終了、更新する場合があります。予めご了承ください。

第1編 基礎編

第1章 家事事件における税法の重要性

1 はじめに──税法の考え方

　家事事件の処理において、税金がどのくらいかかるか、特例の適用により節税できるかなど、課税問題は避けては通れない問題です。

　この点、家事事件を処理する弁護士において、「会計や簿記のイメージが持てない」などの理由から税法（相続税法、所得税法）に苦手意識を持ち、課税問題に踏み込めないという話をよく聞きます。

　しかし、税法はあくまでも法律であり、会計が分からなくても、簿記が分からなくても、理解可能な学問です（法人税は会計処理基準を前提にするので、会計の知識が不可欠ではあります）。

　また、家事事件における税務の問題を理解するにあたって、税法（相続税法、所得税法）の基本的理解は必須ですが、税法の基本的理解があれば、個別事案における課税問題の検討はあてはめ作業と考えることができます（もっとも、特例も多く、財産評価の問題もあり、重要な局面では税理士に相談することをお勧めします）。

　そこで、本書は、家事事件の実務にかかわる弁護士を対象に、実務で必要とする税法の基本的理解、最低限の知識を中心にまとめました。

2 担税力

　家事事件の処理において、なぜ、課税問題は避けては通れない問題なのでしょうか。

　これは担税力に関係します。そもそも、税負担は、各人の担税力に応じて公平に配分されるべきという大原則があります。ここでいう担税力とは、税金を負担することのできる能力、経済的負担能力をいいます。そして、この担税力は、「所得」「財産」「消費」を基準として判断されます。

　「所得」を基準とする税金は、「所得税」「法人税」などであり、「財産」を基準とする税金は、「固定資産税」「自動車税」などであり、消費を基準とする税金は「消費税」などです。ちなみに、「相続税・贈与税」は、「財産」と「所得」の両者を基準とする税金ということができます。

　要するに、国家は、財産のあるところ、財産が移転して所得が発

図表1　担税力と課税

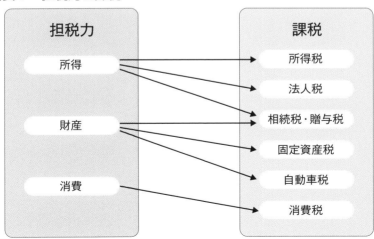

生するところ、あるいは、財産が消費されるところに担税力を認めて、課税していくのです。

相続、離婚などの家事事件は、まさに、財産が移転して所得が発生する場面であり、家事事件の処理において、課税問題は避けては通れない問題ということになります。

3 個人・法人の区別

もう1つ、税法を学ぶ上でとても重要な考え方があります。

それは、財産移転時における課税問題を検討するに際し、当事者が個人、法人のいずれかという問題です。当事者が個人か法人かによって、問題となる税金は大きく異なってきます。贈与と売買を例に、下記4つのパターンの課税関係を考えてみたいと思います。

なお、本理屈は、第1編の中でも、もっとも難解な部分であり、まずは読み飛ばして、第1編を読み終えた後に、もう一度読んでいただくのがよいと思います。

ケース1	個人 → 個人
ケース2	個人 → 法人
ケース3	法人 → 個人
ケース4	法人 → 法人

〈A　贈与〉
図表2　贈与における課税関係

ケース	贈与者	受贈者	贈与者への課税	受贈者への課税
1	個人	個人	所得税（ただし取得費の引継ぎのため不発生）	贈与税
2	個人	法人	所得税（みなし譲渡）	法人税（受贈益）
3	法人	個人	法人税（時価譲渡、寄附金）	所得税（一時所得等）
4	法人	法人	法人税（時価譲渡、寄附金）	法人税（受贈益）

ケース1　個人から個人

①受贈者への課税

　贈与税が課税される典型的なケースです。

　贈与税は、贈与がなされた際に、贈与者ではなく、受贈者に対して課税されます。その意味では受贈税という表現の方が正しいように思います。

②贈与者への課税

　贈与者は、受贈者の贈与税の納税義務につき、連帯納付義務を負担します。よって、受贈者が贈与税を納税できない場合、受贈者に代わって、贈与者が納税しなければなりません。

　さらに、贈与した個人において、キャピタルゲイン（譲渡益、譲渡所得）が発生した場合、譲渡所得に対する課税（所得税）の問題が生じます。

　もっとも、個人間の贈与の場合、原則として、譲渡所得（あるい

は取得費）は受贈者に引き継がれ、課税の繰延べがなされるので、贈与時において、譲渡所得課税はなされません。そして、受贈者が当該財産を処分（売却）したときにおいて、受贈者の下で発生したキャピタルゲイン（譲渡益、譲渡所得）に、過去の贈与者の下で発生したキャピタルゲイン（譲渡益、譲渡所得）を合算して、譲渡所得課税がなされます。なお、受贈者がさらに贈与した場合にはさらに課税の繰延べがなされます。

これら課税の繰延べの理論は、家事事件における税務を理解する上で、非常に重要ですので、第2章「4 相続における所得税の留意点」（70頁）において詳述します。

ケース2　個人から法人

①受贈者への課税

個人から法人への贈与のケースでは、受贈者たる法人に受贈益が発生しますので、法人税が問題になります。

その他、法人も贈与を受けている以上、贈与税が問題になりそうですが、法人に贈与税が課税されることはありません。

なぜ、法人に贈与税が課税されないのでしょうか。それは、贈与税の立法趣旨と関係します。

この点、世の中の全ての、贈与を非課税とすれば、被相続人としては、相続発生前に生前贈与で財産を相続人に承継させ、相続税を回避することが可能となってしまい、不都合が生じます。そこで、贈与税は、生前贈与をした場合に、相続税よりも重い税負担を受贈者に課すことで、相続税の潜脱を防ぐという立法趣旨があるのです。つまり、贈与税は、「個人から個人」を対象とする相続税の潜脱を防止するための補完税とされているのです。

よって、贈与税は、相続税と同じく「個人から個人」の贈与のみを対象にしており、法人が受贈者の場合、法人に贈与税が課税され

ることはないのです。

つまり、民法の「贈与」とは意味合いが大きく異なるのです。

②贈与者への課税

一方、法人に贈与した個人においては、無償で譲渡しているので、キャピタルゲイン（譲渡益、譲渡所得）や譲渡所得課税が発生することはなさそうですが、そうではありません。

所得税法は、個人が法人に財産を贈与した場合、財産を時価で譲渡したものとみなします。そこで、時価譲渡を前提として、キャピタルゲイン（譲渡益、譲渡所得）が発生する場合は所得税の問題が生じます。

個人から個人への贈与の場合、課税の繰延べがあると説明しましたが、法人への贈与の場合、課税の繰延べはなされず、無償譲渡であったとしても、時価で譲渡したものとみなされてしまい、譲渡所得課税の問題になるのです。法人への遺贈は注意が必要です。

ケース3　法人から個人

①受贈者への課税

法人から個人への贈与のケースでは、贈与を受けた個人に所得（一時所得、給与所得など）が発生し、所得税が問題になります。**ケース2**で説明したとおり、贈与税は個人から個人への贈与のみを対象にしているので、法人からの贈与は、所得と認識され、贈与税ではなく、所得税が問題になるのです。

②贈与者への課税

一方、贈与した法人は、無償譲渡ではあるものの、時価で譲渡したものと考え、譲渡益（譲渡損）が益金として計上され、法人税の問題になります。もっとも、実際には対価を取得していないので、

時価相当額（対価分）は譲受人に寄附したものと考え、寄附金として損金（損失）処理することになります。

私たち弁護士の感覚としては、無償譲渡の場合、財産を失う訳ですから、むしろ損金（損失）処理すべき場合と思われ、益金算入は理解のしにくいところです。

上記「贈与＝時価譲渡＋寄附」という処理は企業会計の考え方によります。企業会計の考え方によると、法人の活動は全て営利目的のために合理的になされるものと考えられており、無償譲渡の場合も、時価で譲渡したものと考え、実際に受け取っていない時価相当額の対価分は、相手に寄附したものとして処理されるのです。

なお、寄附金には損金算入限度額が定められており、限度額を超えた寄附金は損金算入ができなくなってしまいます。

ケース4　法人から法人

①**受贈者への課税**

贈与を受けた法人は**ケース2**と同じ処理になります。

②**贈与者への課税**

贈与した法人は**ケース3**と同じ処理になります。

〈B　売買〉
図表3　売買における課税関係

ケース	売主	買主	売主への課税	買主への課税
1	個人	個人	所得税 （譲渡所得、事業所得）	特になし
2	個人	法人		
3	法人	個人	法人税（売却益、売却損）	
4	法人	法人		

ケース1　個人から個人　　**ケース2　個人から法人**

①売り主への課税

　譲渡した個人において、キャピタルゲイン（譲渡益、譲渡所得）が発生した場合、所得税の問題が生じます。

　個人から個人への贈与の場合、キャピタルゲイン（譲渡益、譲渡所得）への課税は繰延べされると説明しましたが、売買の場合、課税の繰延べはなされず、原則どおり、売買によって顕在化したキャピタルゲイン（譲渡益、譲渡所得）につき、所得税が課税されます。

　なお、事業として資産を売却した場合には事業所得として、所得税が課税されることになります。

②買い主への課税

　一方、譲受した個人および法人は、時価で譲り受けているに過ぎないので、売買によって利益や所得は発生せず、特に課税の問題は生じません（不動産の場合、不動産取得税は発生します）。

ケース3　法人から個人　　**ケース4　法人から法人**

①売り主への課税

　譲渡した法人において、売却益が出れば益金算入し、売却損が出れば損金算入し、法人税を計算することになります。

②買い主への課税

　譲受した個人および法人については、特に課税関係は発生しません。**ケース1、ケース2と同じ処理になります。**

　以上のとおり、譲渡（売買）は、贈与に比べ、課税関係は簡明ですが、時価と乖離する金額で譲渡した場合（いわゆる低額譲渡、高

額譲渡)、贈与の問題が絡んで複雑になります。弁護士として、低額譲渡、高額譲渡にかかわる場合、課税関係につき、注意が必要です。

　このように、同じ法律行為でも、当事者が法人か個人か、その組み合わせによって、問題となる税目、論点が異なってきます。
　上記に関する基本的理解を第2章「各種税目の概要と税率」(11頁)で詳しく説明いたします。該当箇所を読んで、もう一度本章「3　個人・法人の区別」(4頁)に戻ってくると、より理解が深まると思います。

第2章 各種税目の概要と税率

1 相続税

(1) 相続税は誰に課税されるのか

相続税は、相続の際に課税される税金です。ここでは、具体的にどのような場合に課税されるのかを整理していきます。

> **Q** 遺贈や死因贈与の場合、相続税と贈与税のいずれが課税されるのでしょうか。
>
> **A** 相続税です。

相続税法1条の3において、相続税は、相続や「遺贈（死因贈与を含む）」によって財産を取得した際に課税される税金と規定しており、遺贈のみならず死因贈与も相続税の対象となります。

> **Q** 法人に遺贈した場合は、法人に相続税が課税されるのでしょうか。
>
> **A** 課税されません。

同じく相続税法1条の3において、相続税は、相続などによって財産を取得した「個人」に課税される税金と規定しており、財産を取得した法人に相続税は課税されません（ただし、包括遺贈は除く（国通5Ⅱ））。この場合、法人には受贈益が発生し、法人税の問題となります。

他方、財産を取得した者が「個人」であれば相続税は課税され、「個人」が法定相続人である必要はありません。つまり、遺贈を受けた第三者も、相続税の納税義務があるのです。

なお、法人において相続や死亡の観念はありませんので、法人からの財産移転につき、相続税が問題になることはありません。

> **相続税法**
> **（相続税の納税義務者）**
> **第1条の3** 次の各号のいずれかに掲げる者は、この法律により、相続税を納める義務がある。
> 　一　相続又は遺贈（贈与した者の死亡により効力を生ずる贈与を含む。以下同じ。）により財産を取得した個人で、当該財産を取得した時においてこの法律の施行地に住所を有するもの
> 　二～三　〔略〕
> 2　〔略〕

相続税におけるポイントは、個人の相続、遺贈、死因贈与によって、財産を取得した個人に対して課せられる税金ということです。

なお、遺言ではなく、遺産分割において、法定相続人以外の第三者に遺産を取得させることを合意した場合も、相続税の問題ではなくなります。

この場合、一旦、法定相続人が遺産を相続し、それを第三者に贈与するという法律構成になるからです。

そうすると、法定相続人は相続税を負担するほか、贈与に際し、

贈与税（連帯納付義務）、所得税など様々な課税関係が発生するので、注意が必要です。

(2) 遺産税方式と遺産取得税方式

> **Q** 一般論として、相続税はどのような根拠で課税されるのでしょうか。
>
> **A** 遺産そのものを課税対象とする「遺産税方式」という考え方と、相続した財産を課税対象とする「遺産取得税方式」という考え方があります。

これは相続税の計算方法にも関係してくる重要な問題です。相続税の課税方式には、「遺産税方式」と「遺産取得税方式」という2つの考え方があります。

遺産税方式というのは、被相続人の遺産を課税対象とし、遺産全

図表4　各方式の課税対象

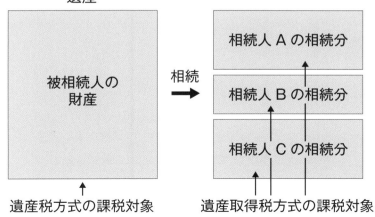

体に課税する方式です。アメリカやイギリスなどで採用されています。遺産税方式では、遺産そのものが課税対象なので、遺言執行者（被相続人）が納税者となります。

遺産取得税方式というのは、相続により取得した財産を課税対象とし、相続人が取得する財産ごとに課税する方式です。ドイツやフランスなどで採用されています。遺産取得税方式では、各相続人が相続した財産が課税対象となるので、各相続人が納税者となります。

また、担税力の関係でとらえると、遺産税方式は、遺産という「財産」そのものに担税力を求める課税方式であり、遺産取得税方式は、財産の取得という「所得」に担税力を求める課税方式ということができます。

よって、遺産取得税方式による相続税は、所得税の補完税という側面もあります。

さらに、両方式には、遺産が高額の場合に違いが現れます。

遺産税方式で、超過累進税率を採用している場合、税率が上振れするので、相続税も高額となってしまいます。他方、遺産取得税方式では、課税対象が各相続人に分散される取得財産なので、分配方法によっては、超過累進税率においても税率を抑えることができ、各相続人の税負担も抑えることができます。

> **Q** では、我が国の相続税法は、いずれの課税方式を採用しているのでしょうか。
>
> **A** 我が国の相続税の課税方式は、遺産取得税方式に重きを置きつつも、両方式を折衷しており、「法定相続分課税方式による遺産取得税方式」といわれています。

我が国がとっているこの方式によると、先に相続税総額が確定し、

その後、遺産分割協議などにより、実際に財産を相続することになった相続人において、相続分に応じて相続税総額を案分負担することになります。

具体的には、まず、遺産総額を法定相続分で案分し、各法定相続人の相続財産についての相続税額を個別に計算し、それらを合算して相続税総額を確定させます（遺産税方式）。そして、各相続人が、遺言や遺産分割協議などによって、実際に取得することになる財産額に応じた相続税を案分負担することになるのです（遺産取得税方式、相法11）。

さらに、相続人は、一定の限度で各相続人の相続税の連帯納付義務を負担します（相法34）。

> **相続税法**
> **（相続税の課税）**
> **第11条** 相続税は、この節及び第3節に定めるところにより、相続又は遺贈により財産を取得した者の被相続人からこれらの事由により財産を取得したすべての者に係る相続税の総額（以下この節及び第3節において「相続税の総額」という。）を計算し、当該相続税の総額を基礎としてそれぞれこれらの事由により財産を取得した者に係る相続税額として計算した金額により、課する。

（3）相続税額の算定方法

次に、具体的な相続税額の算定方法をみていきます。

我が国が採用する「法定相続分課税方式による遺産取得税方式」において、相続税額を算定するには、①遺産総額の確定、②課税遺産総額の確定、③相続税総額の算定、④各相続人への相続税額の振り分けという4つのステップを踏むことになります。

①**遺産総額の確定**

遺産総額は、本来の相続財産に、相続開始前3年以内の贈与財産、みなし相続財産（相続人が受け取る生命保険金、退職手当金など、相法3）、相続時精算課税制度における贈与財産を加え、他方、非課税財産（墓所・仏壇、生命保険金や死亡退職金の一部）は含めず、相続債務、葬式費用などを控除して算定します。

遺産に不動産や非上場株式がある場合、その評価が問題になります（評価については本章「(4) 相続財産の評価と各種特例」（25頁）参照）。

なお、みなし相続財産である生命保険金、退職手当金については、「500万円×法定相続人数」が非課税財産とされています（相法12Ⅰ⑤⑥）。生命保険金は、遺産分割の対象となる相続財産から除外できるほか、後述する基礎控除とは別に「500万円×法定相続人数」を非課税財産とできるので、相続対策に有用とされています。

図表5　遺産総額の算定方法

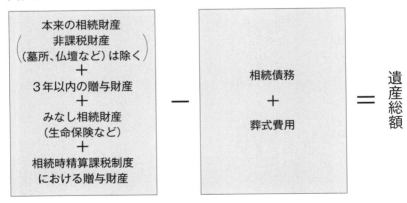

※**生命保険金と相続財産**

例外的に、生命保険金が遺産分割の対象となることもあります。

相続人が受け取る生命保険金は、相続税の計算において「み

なし相続財産」として相続財産に加算しますが、遺産分割の対象とならないのが原則です。すなわち、被相続人が高額の生命保険料を支払い、その結果、特定の相続人が高額の生命保険金を取得しても、他の相続人は、特別受益として、相続財産への持戻しを請求することはできません。

もっとも、最高裁平成16年10月29日決定は、保険金額と遺産総額の比率、各相続人の生活実態等を総合考慮して、保険金の受取人である相続人とその他の相続人との間に生ずる不公平が民法903条（特別受益者の相続分）の趣旨に照らし到底是認することができないほどに著しいものであると評価すべき特段の事情が存する場合には、同条の類推適用により、当該保険金は特別受益に準じて持戻しの対象となると解するのが相当と判示しています。

相続税法
（相続税の非課税財産）
第12条　次に掲げる財産の価額は、相続税の課税価格に算入しない。
一　〔略〕
二　墓所、霊びよう及び祭具並びにこれらに準ずるもの
三・四　〔略〕
五　相続人の取得した第3条第1項第1号に掲げる保険金については、イ又はロに掲げる場合の区分に応じ、イ又はロに定める金額に相当する部分
　　イ　第3条第1項第1号の被相続人のすべての相続人が取得した同号に掲げる保険金の合計額が500万円に当該被相続人の第15条第2項に規定する相続人の数を乗じて算出した金額以下である場合　当該相続人の取得した保険金の金額
　　ロ　イに規定する合計額が当該保険金の非課税限度額を超える場合　当該保険金の非課税限度額に当該合計額のうちに当該

相続人の取得した保険金の合計額の占める割合を乗じて算出した金額
六　相続人の取得した第3条第1項第2号に掲げる給与（以下この号において「退職手当金等」という。）については、イ又はロに掲げる場合の区分に応じ、イ又はロに定める金額に相当する部分
　　イ　第3条第1項第2号の被相続人のすべての相続人が取得した退職手当金等の合計額が500万円に当該被相続人の第15条第2項に規定する相続人の数を乗じて算出した金額（ロにおいて「退職手当金等の非課税限度額」という。）以下である場合　当該相続人の取得した退職手当金等の金額
　　ロ　イに規定する合計額が当該退職手当金等の非課税限度額を超える場合　当該退職手当金等の非課税限度額に当該合計額のうちに当該相続人の取得した退職手当金等の合計額の占める割合を乗じて算出した金額
2　〔略〕

②課税遺産総額の確定

　課税遺産総額は、遺産総額から基礎控除をして算定します。
　基礎控除は「3,000万円＋600万円×法定相続人分」です。ちなみに、平成26年まで基礎控除は「5,000万円＋1,000万円×法定相続人分」だったのですが、平成27年から6割に減額されました。
　これにより、相続税の申告義務者が激増しました。

遺産総額 －（3,000万円＋600万円×法定相続人分）＝ 課税遺産総額

　なお、基礎控除額を増やすため、養子縁組をして法定相続人の数を増やす方法が考えられそうです。
　しかし、相続税法はそのような潜脱を見逃しません。
　民法上、養子縁組の数に制限はありませんが、相続税法上、基礎控除にカウントされる養子の数には限度があるのです。実子がいる

図表6　課税遺産総額の算定方法

場合、養子は1人分しかカウントされず、実子がいない場合も、養子2人分までしかカウントされません（相法15Ⅱ）。

　他方、相続人が相続の放棄をした場合、「初めから相続人ではなかったものとみな」されますが（民939）、基礎控除においてカウントされる法定相続人数には影響を及ぼしません（相法15Ⅱ）。

> **相続税法**
> **（遺産に係る基礎控除）**
> 第15条　相続税の総額を計算する場合においては、同一の被相続人から相続又は遺贈により財産を取得した全ての者に係る相続税の課税価格の合計額から、3000万円と600万円に当該被相続人の相続人の数を乗じて算出した金額との合計額（以下「遺産に係る基礎控除額」という。）を控除する。
> 2　前項の相続人の数は、同項に規定する被相続人の民法第5編第2章（相続人）の規定による相続人の数（当該被相続人に養子がある場合の当該相続人の数に算入する当該被相続人の養子の数は、次の各号に掲げる場合の区分に応じ当該各号に定める養子の数に限るものとし、相続の放棄があつた場合には、その放棄がなかつたものとした場合における相続人の数とする。）とする。
> 　一　当該被相続人に実子がある場合又は当該被相続人に実子がなく、養子の数が一人である場合　一人
> 　二　当該被相続人に実子がなく、養子の数が二人以上である場合

```
            二人
  3 〔略〕
```

③相続税総額の算定

　課税遺産総額を法定相続割合で分割し、各法定相続分に相続税率（超過累進税率）を乗じて、各法定相続分に対応する相続税額を算出します。そして、それらを合算して、相続税総額を確定させます（相法16）。なお、このときの法定相続分についても、相続の放棄はなかったものとして計算します（同条）。

図表7　相続税総額の算定方法

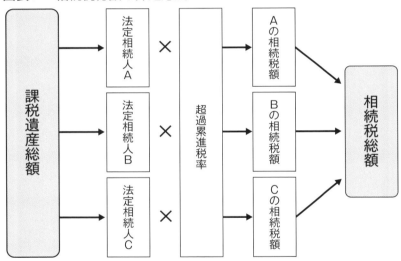

　税率表と速算表は**図表8**のとおりです。

　ここで注意すべきは、超過累進税率は、対象金額（課税標準）毎に税率が異なるという点です。課税標準が3億円を超えたからといって、全ての税率が50％になる訳ではありません。3億円を超えた部分のみが税率50％になるのです（ちなみに、平成15年相続税法改正までの最高税率は「20億円超70％」でした）。

ちなみに、超過累進税率と異なり、基準額を超えた場合、全ての税率を変更する方式を単純累進税率といいます。

図表8
相続税の税率

課税標準	税率
1,000万円以下の部分	10%
1,000万円を超えて3,000万円以下の部分	15%
3,000万円を超えて5,000万円以下の部分	20%
5,000万円を超えて1億円以下の部分	30%
1億円を超えて2億円以下の部分	40%
2億円を超えて3億円以下の部分	45%
3億円を超えて6億円以下の部分	50%
6億円超の部分	55%

左表の速算表

課税標準	税率	控除額
1,000万円以下	10%	―
3,000万円以下	15%	50万円
5,000万円以下	20%	200万円
1億円以下	30%	700万円
2億円以下	40%	1,700万円
3億円以下	45%	2,700万円
6億円以下	50%	4,200万円
6億円超	55%	7,200万円

図表9　超過累進税率と単純累進税率の違い

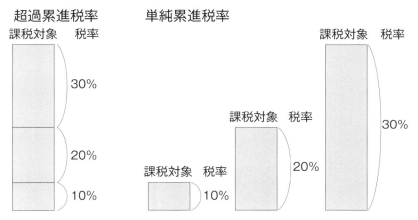

超過累進税率は、（旧）日本弁護士連合会報酬基準（以下、（旧）弁護士報酬会規）と同様の考え方です（料率は逆方向ですが）。よって、（旧）弁護士報酬会規同様、速算表があります。

　もっとも、（旧）弁護士報酬会規の場合、基準額が上がると、料率が下がるため、速算表では、一定料率を乗じた後、一定金額を「加算」をしますが、相続税の場合、基準額が上がると料率も上がるため、速算表では一定金額を「控除」をすることになります。

> 相続税法
> （相続税の総額）
> 第16条　相続税の総額は、同一の被相続人から相続又は遺贈により財産を取得した全ての者に係る相続税の課税価格に相当する金額の合計額からその遺産に係る基礎控除額を控除した残額を当該被相続人の前条第2項に規定する相続人の数に応じた相続人が民法第900条（法定相続分）及び第901条（代襲相続人の相続分）の規定による相続分に応じて取得したものとした場合におけるその各取得金額（当該相続人が、一人である場合又はない場合には、当該控除した残額）につきそれぞれその金額を次の表の上欄に掲げる金額に区分してそれぞれの金額に同表の下欄に掲げる税率を乗じて計算した金額を合計した金額とする。
> 表　〔略〕

④各相続人への相続税額の振り分け

　相続税総額を、実際に財産を取得した相続人に対し、取得分に応じて振り分け（案分負担）、税額控除、2割加算などの調整を行い、最終的に各相続人の相続税額が確定します。

　税額控除には、配偶者の税額軽減のほか、未成年者控除、障害者控除、贈与税額控除、相次相続控除などがあります。

※配偶者の税額軽減

配偶者は、法定相続分まで（あるいは法定相続分を超えても1億6,000万円まで）、相続財産に相続税が課税されないものとされています（相法19の2）。

※未成年者控除

財産を相続した法定相続人が未成年者の場合、「満20歳になるまでの年数×10万円」の控除を受けることができます。

例えば、相続人が16歳の場合、4年×10万円で40万円の控除を受けることができます（相法19の3）。

※障害者控除

財産を相続した法定相続人が85歳未満で障害者の場合、「満85歳になるまでの年数×10万円」の控除を受けることができます。また、重度の障害がある場合は特別障害者控除（年数×20万円）を受けることができます（相法19の4）。

※贈与税額控除

相続開始前3年以内の贈与財産は遺産総額に加算する必要がありますが、他方、加算された贈与財産の価額に対応する贈与税を納税している場合、当該贈与税額を相続税額から控除できます（相法19）。

※相次相続控除

相続開始前10年以内に被相続人が相続、遺贈などによって財産を取得し、相続税を納税していた場合、相続人の相続税額から、一定の金額を控除することができます（相法20）。

※2割加算

親、子（代襲相続人となる孫を含む）、配偶者以外の者が相続をする（遺贈を受ける）場合、当該相続人の納税すべき相続税額が2割加算されます（相法18）。

図表10　相続税額の振り分けと税額控除

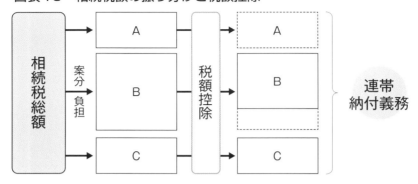

　さらに、各相続人は相続した財産の限度において、相続税総額の連帯納付義務を負担します（相法34）。

　連帯納付義務は、本税のみならず、延滞税にも及ぶので、各相続人は、自らの相続税を納税しただけでは安心できません、他の相続人の納税状況まで確認しておく必要があります。

　この点、弁護士のかかわる相続案件では、相続人間の関係が悪く、他の相続人に納税状況を確認できないケースが多いでしょう。そこで、相続人が自らの連帯納付義務を確認すべく、税務署に直接問い合わせるという方法が考えられますが、税務署は、個人情報を理由に開示してくれません。

　連帯納付義務の過度な負担には批判があり、平成24年の相続税法改正により、①連帯納付義務者に、申告書の提出期限から5年以内に納付通知書による通知がない場合、②主たる納税義務者が延納の許可を受けた場合、③主たる納税義務者が納税猶予された場合には、連帯納付義務が免除されることになりました（相法34Ⅰ）。

> 相続税法
> (連帯納付の義務等)
> 第34条　同一の被相続人から相続又は遺贈により財産を取得した全ての者は、その相続又は遺贈により取得した財産に係る相続税について、当該相続又は遺贈により受けた利益の価額に相当する金額を限度として、互いに連帯納付の責めに任ずる。ただし、次の各号に掲げる者の区分に応じ、当該各号に定める相続税については、この限りでない。
> 一　納税義務者の第33条又は国税通則法第35条第2項若しくは第3項の規定により納付すべき相続税額に係る相続税について、第27条第1項の規定による申告書の提出期限から5年を経過する日までに税務署長がこの項本文の規定により当該相続税について連帯納付の責めに任ずる者に対し第6項の規定による通知を発していない場合における当該連帯納付義務者　当該納付すべき相続税額に係る相続税
> 二　納税義務者が第38条第1項又は第47条第1項の規定による延納の許可を受けた場合における当該納税義務者に係る連帯納付義務者　当該延納の許可を受けた相続税額に係る相続税
> 三　納税義務者の相続税について納税の猶予がされた場合として政令で定める場合における当該納税義務者に係る連帯納付義務者　その納税の猶予がされた相続税額に係る相続税
> 2〜8　〔略〕

(4) 相続財産の評価と各種特例

　弁護士が相続税法を学ぶにあたって、もっとも難しい問題が相続財産の評価の問題です。
　この点、相続税法は、相続財産の評価を取得時(相続時)の時価によるものとのみ規定していますが(相法22)、課税の公平を図る

ため、財産評価基本通達において、不動産や有価証券等の評価方法を詳細に規定しています。

同通達は、宅地については路線価（または倍率方式）により、家屋については固定資産税評価額により評価するものとされています（評基通89）。

また、取引相場のない株式（非上場株式）については、大会社、中会社、小会社に分類し、当該株主が会社の中心的な株主であったかどうかを考慮し、大会社は原則として類似業種比準方式により、小会社は原則として純資産方式により、中会社は両方式を併用して評価するものとされています（評基通178～181）。

もちろん、財産評価基本通達は、課税庁内部における法律解釈に過ぎず、国民を法的に拘束するものではないので、不動産鑑定士や公認会計士の鑑定などにより、相続財産の時価が財産評価基本通達よりも低いと認められる場合、時価による申告も可能です。

また、不動産評価の特例として、実務上重要なものとして「小規模宅地等の特例」「広大地の評価減」「貸家建付地の評価」があります。

※小規模宅地等の特例（法律による評価減）

小規模宅地等の特例とは、相続により取得した宅地等が、相続開始の直前において被相続人等の事業の用に供されていたか、居住の用に供されていた場合、一定の適用要件（事業継続、同居、持家の有無など）の下に限度面積まで評価額を大幅に減額（最大8割減）できる特例です（措法69の4）。

この特例は、取得者により適用の可否が異なるので、弁護士としては、遺産分割協議の段階において、特例の適用を踏まえて交渉する必要があります。なお、特例を適用すると、相続税総額を抑えることができ、相手方にも有利になるので、遺産分

割協議における有力な交渉材料になります。

　特例は、下記のとおり、4種類（①特定居住用宅地等、②特定事業用宅地等、③特定同族会社事業用宅地等、④貸付事業用宅地等）あり、①特定居住用宅地等と、貸付事業用宅地等以外の事業用宅地の特例（②③）の両特例の適用を受けることで、最大730㎡（330㎡＋400㎡）の評価減が可能となります（この点、①と④の両特例の適用を受ける場合には限度面積に制限があります）。

〈特定居住用宅地等〉

利用区分 適用要件	被相続人の居住の用に供されていた宅地等 ①配偶者による取得の場合は無条件。 ②同居していた親族による取得の場合は、相続開始の時から相続税の申告期限まで、引き続きその家屋に居住し、かつ、その宅地等を相続開始の時から相続税の申告期限まで有していること。 ③同居していない親族による取得の場合は、下記iからvの要件を全て満たすこと（いわゆる「家なき子」）。 i 相続開始時において、被相続人もしくは相続人が日本国内に住所を有していること、または、相続人が日本国内に住所を有しない場合で日本国籍を有していること。 ii 被相続人に配偶者がいないこと。 iii 相続開始直前において、被相続人の居住の用に供されていた家屋に居住していた親族

	で被相続人の相続人がいないこと。 ⅳ 相続開始前3年以内において、当該親族またはその配偶者の所有する家屋に居住したことがないこと。 ⅴ その宅地等を相続税の申告期限まで有していること。
適用限度面積 減額割合	330㎡ 80%
利用区分	被相続人と生計を一にしていた親族の居住の用に供されていた宅地等
適用要件	①配偶者による取得の場合は無条件。 ②生計を一にしていた親族による取得の場合は、相続開始の直前から相続税の申告期限まで引き続きその家屋に居住し、かつ、その宅地等を相続税の申告期限まで有していること。
適用限度面積 減額割合	330㎡ 80%

〈特定事業用宅地等〉

利用区分	被相続人の事業の用に供されていた宅地等（貸付事業以外）
適用要件	宅地等上で営まれていた被相続人の事業を相続税の申告期限までに引き継ぎ、かつ、その申告期限までその事業を営んでいること（事業承継要件）。その宅地等を相続税の申告期

適用限度面積 減額割合	限まで有していること（保有継続要件）。 400㎡ 80％
利用区分 適用要件 適用限度面積 減額割合	被相続人と生計を一にしていた親族の事業の用に供されていた宅地等（貸付事業以外） 相続開始の直前から相続税の申告期限まで、その宅地等の上で事業を営んでいること（事業承継要件）その宅地等を相続税の申告期限まで有していること（保有継続要件）。 400㎡ 80％

〈特定同族会社事業用宅地等〉

利用区分 適用要件 適用限度面積 減額割合	一定の要件を満たす法人の事業の用に供されていた宅地等 相続税の申告期限においてその法人の役員であること（法人役員要件）。その宅地等を相続税の申告期限まで有していること（保有継続要件）。 400㎡ 80％

〈貸付事業用宅地等〉

利用区分	被相続人の貸付事業の用に供されていた宅地等

適用要件	その宅地等に係る被相続人の貸付事業を相続税の申告期限までに引き継ぎ、かつ、その申告期限までその貸付事業を行っていること（事業承継要件）。その宅地等を相続税の申告期限まで有していること（保有継続要件）。
適用限度面積	200㎡
減額割合	50%
利用区分	被相続人と生計を一にしていた親族の貸付事業の用に供されていた宅地等
適用要件	相続開始の直前から相続税の申告期限まで、その宅地等に係る貸付事業を行っていること（事業承継要件）。その宅地等を相続税の申告期限まで有していること（保有継続要件）。
適用限度面積	200㎡
減額割合	50%

※広大地の評価減（通達による評価減）

　広大地の評価減とは、当該地域における標準的な宅地の地積に比して著しく地積が広大な宅地であり、有効活用が難しく、都市計画法4条12項に規定する開発行為を行うとした場合に公共公益的施設用地の負担が必要と認められる場合に認められる評価減の特例です（評基通24－4）。

※貸家建付地の評価減（通達による評価減）

　貸家建付地とは、貸家を目的とする宅地のことで、所有する土地に建築した家屋を他に貸し付けている場合の土地のことをいいます。貸家建付地は、相続財産における土地評価を下げることができるので、相続対策として利用されることもあります。

貸家建付地の評価は、以下の計算方法によって算出されます（評基通26）。

貸家建付地の評価額 ＝ 自用地とした場合の評価額 －（自用地とした場合の評価額 × 借地権割合 × 借家権割合 × 賃貸面積の割合）

（5）相続税の申告納税

相続人は、相続の開始があったことを知った日の翌日から10か月以内に相続税の確定申告をして、申告期限までに納税する必要があります（相法27Ⅰ、33）。

相続税法
（相続税の申告書）
第27条　相続又は遺贈により財産を取得した者〔中略〕は、当該被相続人からこれらの事由により財産を取得したすべての者に係る相続税の課税価格の合計額がその遺産に係る基礎控除額を超える場合において、その者に係る相続税の課税価格に係る〔中略〕相続税額があるときは、その相続の開始があったことを知った日の翌日から10月以内に課税価格、相続税額その他財務省令で定める事項を記載した申告書を納税地の所轄税務署長に提出しなければならない。
2～6　〔略〕
（納付）
第33条　期限内申告書又は第31条第2項の規定による修正申告書を提出した者は、これらの申告書の提出期限までに、これらの申告書に記載した相続税額又は贈与税額に相当する相続税又は贈与税を国に納付しなければならない。

特に、相続税の負担を軽減する各種特例（配偶者の税額軽減、小

規模宅地等の特例など）は、期限内の申告を要件としており、期限内に申告することはとても重要です。

　もっとも、弁護士がかかわる遺産分割協議は、10か月でまとまらないことが多いでしょう。その場合は、どのように対処すべきでしょうか。

　10か月以内に遺産分割協議がまとまらない場合、まずは法定相続分で申告・納税し、遺産分割協議成立後、更正の請求（税額が減少する場合）または修正申告（税額が増加する場合）で訂正することになります（相法55）。これを怠ると、無申告加算税や延滞税が賦課されてしまいます。

　　※更正の請求と修正申告の違い
　　　確定申告とは、納税者が課税庁に納税額を申告することで、納税額そのものを確定させる税務処理をいいます（納税申告制度ともいいます。これに対し、課税庁が納税額を確定させる制度を賦課課税制度といいます。住民税、固定資産税、自動車税などが賦課課税制度による税目です）。

　　　確定申告後、納税者が納税額の増額修正をする場合には、修正申告により増額分を確定させることができます。

　　　他方、納税額の減額修正をする場合、減額修正が正しいのか、課税庁で検証する必要があり、納税者は自ら減額分を確定させることはできません。その場合、納税者は、課税庁に対し、減額の更正処分をするよう請求するにとどまり、更正の請求を受けた課税庁が減額の更正処分の是非を判断し、納税者の請求が正しい場合には減額の更正処分を行い、過納分を還付します。課税庁が、更正の請求が誤っていると判断した場合には、「更正の理由なき通知処分」をすることになります。

> **相続税法**
> **(未分割遺産に対する課税)**
> **第55条** 〔前略〕当該相続又は包括遺贈により取得した財産の全部又は一部が共同相続人又は包括受遺者によってまだ分割されていないときは、その分割されていない財産については、各共同相続人又は包括受遺者が民法の規定による相続分又は包括遺贈の割合に従って当該財産を取得したものとしてその課税価格を計算するものとする。

　遺産分割がまとまらず、法定相続分で申告するケースにおいて、配偶者の税額軽減、小規模宅地等の評価減などの特例の適用を受ける場合には、法定相続分での申告に際し、「申告期限後3年以内の分割見込書」を提出しておく必要があります。そして、3年以内に遺産分割協議を調え、更正の請求などをしなければなりません。その更正の請求などの際に初めて特例の適用を受けることができるのです。よって、遺産分割協議がまとまるまでの間、各相続人は、特例の恩恵を受けることができず、多額の納税を余儀なくされることになります（相法19の2、措法69の4）。

　3年以内に遺産分割がまとまらない場合、やはり前述の特例を使えなくなってしまいます。そこで、3年以内に遺産分割がまとまらない場合は、課税庁に対し、申告期限後3年を経過する日の翌日から2か月を経過する日までに「遺産が未分割であることについてやむを得ない事由がある旨の承認申請書」を提出し、課税庁の承認を受けておくことで、なお、特例の適用を受けることができます。

　弁護士としては、遺産分割協議が長引くものと見込まれる場合、前述の配慮が必要となります。

申告期限後3年以内の分割見込書

通信日付印の年月日	確認印	番　　号
年　月　日		

被相続人の氏名 _____

申告期限後3年以内の分割見込書

　相続税の申告書「第11表（相続税がかかる財産の明細書）」に記載されている財産のうち、まだ分割されていない財産については、申告書の提出期限後3年以内に分割する見込みです。
　なお、分割されていない理由及び分割の見込みの詳細は、次のとおりです。

1　分割されていない理由

　　　_____
　　　_____
　　　_____
　　　_____

2　分割の見込みの詳細

　　　_____
　　　_____
　　　_____
　　　_____

3　適用を受けようとする特例等

(1)　配偶者に対する相続税額の軽減（相続税法第19条の2第1項）
(2)　小規模宅地等についての相続税の課税価格の計算の特例
　　（租税特別措置法第69条の4第1項）
(3)　特定計画山林についての相続税の課税価格の計算の特例
　　（租税特別措置法第69条の5第1項）
(4)　特定事業用資産についての相続税の課税価格の計算の特例
　　（所得税法等の一部を改正する法律（平成21年法律第13号）による
　　　改正前の租税特別措置法第69条の5第1項）

（資4－21－A4統一）

（裏）

記　載　方　法　等

　この書類は、相続税の申告書の提出期限までに相続又は遺贈により取得した財産の全部又は一部が分割されていない場合において、その分割されていない財産を申告書の提出期限から3年以内に分割し、①相続税法第19条の2の規定による配偶者に対する相続税額の軽減、②租税特別措置法第69条の4の規定による小規模宅地等についての相続税の課税価格の計算の特例、③租税特別措置法第69条の5の規定による特定計画山林についての相続税の課税価格の計算の特例、④所得税法等の一部を改正する法律（平成21年法律第13号）による改正前の租税特別措置法第69条の5の規定による特定事業用資産についての相続税の課税価格の計算の特例の適用を受けようとする場合に使用してください。

1　この書類は、相続税の申告書に添付してください。
2　「1　分割されていない理由」欄及び「2　分割の見込みの詳細」欄には、相続税の申告期限までに財産が分割されていない理由及び分割の見込みの詳細を記載してください。
3　「3　適用を受けようとする特例等」欄は、該当する番号にすべてに○を付してください。
4　遺産が分割された結果、納めすぎの税金が生じた場合には、分割の日の翌日から4か月以内に更正の請求をして、納めすぎの税金の還付を受けることができます。また、納付した税金に不足が生じた場合には、修正申告書を提出することができます。
5　申告書の提出期限から3年以内に遺産が分割できない場合には、「遺産が未分割であることについてやむを得ない事由がある旨の承認申請書」をその提出期限後3年を経過する日の翌日から2か月以内に相続税の申告書を提出した税務署長に対して提出する必要があります。
　この承認申請書の提出が期間内になかった場合には、相続税法第19条の2の規定による配偶者に対する相続税額の軽減、租税特別措置法第69条の4の規定による小規模宅地等についての相続税の課税価格の計算の特例、租税特別措置法第69条の5の規定による特定計画山林についての相続税の課税価格の計算の特例及び所得税法等の一部を改正する法律による改正前の租税特別措置法第69条の5の規定による特定事業用資産についての相続税の課税価格の計算の特例の適用を受けることはできません。

遺産が未分割であることについてやむを得ない事由がある旨の承認申請書

通信日付印の年月日	確認印	番号
年 月 日		

遺産が未分割であることについてやむを得ない事由がある旨の承認申請書

名簿番号

税務署受付印

＿＿＿年＿＿＿月＿＿＿日提出

＿＿＿＿＿＿税務署長

〒
住　所
（居所）＿＿＿＿＿＿＿＿＿＿＿＿＿＿＿＿＿＿＿＿＿＿＿
申請者　氏　名＿＿＿＿＿＿＿＿＿＿＿＿㊞　電話＿＿＿＿＿＿＿

遺産の分割後、
- 配偶者に対する相続税額の軽減（相続税法第19条の2第1項）
- 小規模宅地等についての相続税の課税価格の計算の特例（租税特別措置法第69条の4第1項）
- 特定計画山林についての相続税の課税価格の計算の特例（租税特別措置法第69条の5第1項）
- 特定事業用資産についての相続税の課税価格の計算の特例（所得税法等の一部を改正する法律（平成21年法律第13号）による改正前の租税特別措置法第69条の5第1項）

の適用を受けたいので、遺産が未分割であることについて、
- 相続税法施行令第4条の2第2項
- 租税特別措置法施行令第40条の2第16項又は第18項
- 租税特別措置法施行令第40条の2の2第8項又は第10項
- 租税特別措置法施行令等の一部を改正する政令（平成21年政令第108号）による改正前の租税特別措置法施行令第40条の2の2第19項又は第22項

に規定するやむを得ない事由がある旨の承認申請をいたします。

1　被相続人の住所・氏名　　住所＿＿＿＿＿＿＿＿＿＿＿＿＿　氏名＿＿＿＿＿＿＿＿
2　被相続人の相続開始の日　　　　平成＿＿＿年＿＿＿月＿＿＿日
3　相続税の申告書を提出した日　　平成＿＿＿年＿＿＿月＿＿＿日
4　遺産が未分割であることについてのやむを得ない事由

（注）やむを得ない事由に応じてこの申請書に添付すべき書類
① 相続又は遺贈に関し訴えの提起がなされていることを証する書類
② 相続又は遺贈に関し和解、調停又は審判の申立てがされていることを証する書類
③ 相続又は遺贈に関し遺産分割の禁止、相続の承認若しくは放棄の期間が伸長されていることを証する書類
④ ①から③までの書類以外の書類で財産の分割がされなかった場合におけるその事情の明細を記載した書類

○　相続人等申請者の住所・氏名

住　所　（　居　所　）	氏　名	続　柄
	㊞	
	㊞	
	㊞	
	㊞	

○　相続人等の代表者の指定　　代表者の氏名＿＿＿＿＿＿＿＿＿＿＿

関与税理士	㊞	電話番号	

（資4－22－1－A4統一）

（裏）

記 載 方 法 等

　この承認申請書は、相続税の申告書の提出期限後3年を経過する日までに、相続又は遺贈により取得した財産の全部又は一部が相続又は遺贈に関する訴えの提起などのやむを得ない事由により分割されていない場合において、その遺産の分割後に①相続税法第19条の2の規定による配偶者に対する相続税額の軽減、②租税特別措置法第69条の4の規定による小規模宅地等についての相続税の課税価格の計算の特例、③租税特別措置法第69条の5の規定による特定計画山林についての相続税の課税価格の計算の特例又は④所得税法等の一部を改正する法律（平成21年法律第13号）による改正前の租税特別措置法第69条の5の規定による特定事業用資産についての相続税の課税価格の計算の特例の適用を受けるために税務署長の承認を受けようとするとき、次により使用してください。

　なお、小規模宅地等についての相続税の課税価格の計算の特例、特定計画山林についての相続税の課税価格の計算の特例又は特定事業用資産についての相続税の課税価格の計算の特例の適用を受けるためにこの申請書を提出する場合において、その特例の適用を受ける相続人等が2人以上のときは各相続人等が「〇相続人等申請者の住所・氏名」欄に連署し申請してください。ただし、他の相続人等と共同して提出することができない場合は、各相続人等が別々に申請書を提出することもできます。

1　この承認申請書は、遺産分割後に配偶者に対する相続税額の軽減、小規模宅地等についての相続税の課税価格の計算の特例、特定計画山林についての相続税の課税価格の計算の特例又は特定事業用資産についての相続税の課税価格の計算の特例の適用を受けようとする人が納税地（被相続人の相続開始時の住所地）を所轄する税務署長に対して、申告期限後3年を経過する日の翌日から2か月を経過する日までに提出してください。

　　このため、提出先の「＿＿＿＿＿＿＿税務署長」の空欄には、申請者の住所地（居所）地を所轄する税務署名ではなく、被相続人の相続開始時の住所地を所轄する税務署名を記載してください。

　　なお、この承認申請書は、適用を受けようとする特例の種類（配偶者に対する相続税額の軽減・小規模宅地等についての相続税の課税価格の計算の特例・特定計画山林についての相続税の課税価格の計算の特例・特定事業用資産についての相続税の課税価格の計算の特例）ごとに提出してください。このとき｛　｝内の該当しない特例の文言及び条項を二重線で抹消してください。

2　「4　遺産が未分割であることについてのやむを得ない理由」欄には、遺産が分割できないやむを得ない理由を具体的に記載してください。

3　「（注）やむを得ない事由に応じてこの申請書に添付すべき書類」欄は、遺産が分割できないやむを得ない事由に応じて該当する番号を〇で囲んで表示するとともに、その書類の写し等を添付してください。

2 贈与税

(1) 贈与税の目的

　贈与税は、贈与の際に課税される税金です。

> **Q**　贈与税は、贈与者、受贈者のいずれに課税されるのでしょうか。
>
> **A**　受贈者に課税されます。

　相続税法1条の4において、贈与税は、贈与により「財産を取得」した際に課税されると規定しており、受贈者に課税される税金です。その意味では、贈与税と呼ぶより、受贈税と呼ぶ方が正確な表現かもしれません。

> **Q**　贈与を受けた法人も贈与税が課税されるのでしょうか。
>
> **A**　法人には課税されません。

　相続税法1条の4において、贈与税は、贈与により財産を取得した「個人」に課税されると規定しており、財産を取得した法人に贈与税は課税されません。この場合、法人には受贈益が発生し、法人税の問題となります。

> 相続税法
> （贈与税の納税義務者）
> **第1条の4** 次の各号のいずれかに掲げる者は、この法律により、贈与税を納める義務がある。
> 一 贈与により財産を取得した個人で当該財産を取得した時においてこの法律の施行地に住所を有するもの
> 二・三〔略〕
> 2 〔略〕

　所得税、法人税、消費税、相続税は、それぞれ、所得税法、法人税法、消費税法、相続税法で規定されていますが、贈与税について、贈与税法という法律はなく、相続税法の中に規定されています。

　これは、贈与税が、相続税の潜脱を防ぐため、生前の贈与に対して課税する税金であり、相続税の補完税とされているからです。

　つまり、贈与を非課税とすれば、誰もが、相続税を回避するため、生前贈与で財産を承継させ、結果、相続税が骨抜きとなってしまいます。そこで、贈与税は、相続税よりも重い税負担を受贈者に課すことで、相続税の潜脱を防ぐという目的の税目であり、そのために、相続税に規定されているのです。

　よって、贈与税も、相続税と同じく、個人から個人への贈与のみを対象としており、個人から法人への贈与、法人から個人への贈与、法人から法人への贈与には課税されません。また、遺産取得税方式の観点から、受贈者が納税義務者となります。

　なお、同じ贈与でも死因贈与は相続税の対象となります（相法1の3）。また、相続開始前3年以内の贈与も相続財産に含まれ、相続税の対象となります。他方、相続開始前3年以内の贈与につき、

納付した贈与税がある場合は、相続税から控除することができます（贈与税額控除、相法19）。

（2）贈与税額の算定方法（暦年課税制度）

贈与税は、1年間（1月1日から12月31日）に贈与を受けた個人（相法1の3）に対して課税される税金です（相法21）。

贈与税額は、1年間に贈与を受けた金額（複数の者から贈与を受けている場合は、贈与を受けた金額を合算します）から基礎控除110万円を控除し、贈与税率（超過累進税率）を乗じて算出します。

なお、10年間をかけて毎年110万円（合計1,100万円）を贈与する契約をした場合、課税庁が1,100万円の一括贈与とみなして課税してくる危険性があります。そこで、暦年課税制度を利用して、基礎控除の範囲内で財産を承継する場合、毎年、新たな契約を締結する必要があります。

贈与税は、相続税の潜脱防止、補完税という役割から、相続税率よりも税率が高くなっています。他方、20歳以上の者が直系尊属（親、祖父母等）から贈与を受けた場合、財産の世代間移転を促進すべく、税率が若干緩和されています。贈与税の特例は本章(5)(47頁）において詳述します。

図表11　贈与税額の算定方法

税率表と速算表は**図表12**、**図表13**のとおりです。

相続税率と同様、超過累進税率は、対象金額（課税標準）ごとに税率が異なる方式です。課税標準が3,000万円を超えたからといって、全ての税率が50％になる訳ではありません。3,000万円を超えた部分のみの税率が50％になるという点に注意が必要です。

なお、贈与については、前述の暦年課税制度のほか、生前、税制の優遇を受けつつ、相続時に精算して課税する相続時精算課税制度を利用することもできます（措法21の9）。なお、相続時精算課税制度については、本章（4）（44頁）に詳述しています。

図表12

Ⓐ直系尊属から20歳以上への贈与（特例税率）

課税標準	税率
200万円以下の部分	10％
200万円を超えて400万円以下	15％
400万円を超えて600万円以下	20％
600万円を超えて1,000万円以下	30％
1,000万円を超えて1,500万円以下	40％
1,500万円を超えて3,000万円以下	45％
3,000万円を超えて4,500万円以下	50％
4,500万円超の部分	55％

Ⓑ左記以外の贈与（一般税率）

課税標準	税率
200万円以下の部分	10％
200万円を超えて300万円以下	15％
300万円を超えて400万円以下	20％
400万円を超えて600万円以下	30％
600万円を超えて1,000万円以下	40％
1,000万円を超えて1,500万円以下	45％
1,500万円を超えて3,000万円以下	50％
3,000万円超の部分	55％

図表13

前掲図表12Ⓐの速算表（特定税率）

課税標準	税率	控除額
200万円以下	10%	－
400万円以下	15%	10万円
600万円以下	20%	30万円
1,000万円以下	30%	90万円
1,500万円以下	40%	190万円
3,000万円以下	45%	265万円
4,500万円以下	50%	415万円
4,500万円超	55%	640万円

前掲図表12Ⓑの速算表（一般税率）

課税標準	税率	控除額
200万円以下	10%	－
300万円以下	15%	10万円
400万円以下	20%	25万円
600万円以下	30%	65万円
1,000万円以下	40%	125万円
1,500万円以下	45%	175万円
3,000万円以下	50%	250万円
3,000万円超	55%	400万円

（3）贈与税の申告納税

受贈者は、贈与により財産を取得した翌年2月1日から3月15日までに贈与税の確定申告をして、申告期限までに納税する必要があります（相法28、33）。

> **相続税法**
> （贈与税の申告書）
> 第28条　贈与により財産を取得した者は、その年分の贈与税の課税価格に係る第21条の5、第21条の7及び第21条の8の規定による贈与税額があるとき又は当該財産が第21条の9第3項の規定の適用を受けるものであるときは、その年の翌年2月1日から

>   ３月15日までに、課税価格、贈与税額その他財務省令で定める
>   事項を記載した申告書を納税地の所轄税務署長に提出しなければ
>   ならない。
> ２～４ 〔略〕
> （納付）
> 第33条　期限内申告書又は第31条第２項の規定による修正申告書
>   を提出した者は、これらの申告書の提出期限までに、これらの申
>   告書に記載した相続税額又は贈与税額に相当する相続税又は贈与
>   税を国に納付しなければならない。

　贈与税も連帯納付義務があり、贈与者は、受贈者の贈与税の連帯納付義務を負担します（相法34Ⅳ）。贈与者は、受贈者が贈与税を納税しなければ、受贈者が納付すべき贈与税まで代わりに納付しなければなりません。贈与者からすれば、財産を贈与した上に、税金まで肩代わりすることになるのです。

　さらに、贈与税の連帯納付義務には、相続税の連帯納付義務のような免除規定（相法34Ⅰ参照）がありません。

　贈与者に贈与税の連帯納付義務を課すことは担税力の観点からも批判が多くあります。

> **相続税法**
> **（連帯納付の義務等）**
> 第34条　同一の被相続人から相続又は遺贈（第21条の９第３項の
>   規定の適用を受ける財産に係る贈与を含む。以下この項及び次項
>   において同じ。）により財産を取得した全ての者は、その相続又
>   は遺贈により取得した財産に係る相続税について、当該相続又は
>   遺贈により受けた利益の価額に相当する金額を限度として、互い
>   に連帯納付の責めに任ずる。ただし、次の各号に掲げる者の区分
>   に応じ、当該各号に定める相続税については、この限りでない。

一　納税義務者の第33条又は国税通則法第35条第2項若しくは第3項の規定により納付すべき相続税額に係る相続税について、第27条第1項の規定による申告書の提出期限から5年を経過する日までに税務署長がこの項本文の規定により当該相続税について連帯納付の責めに任ずる者（当該納税義務者を除く。以下この条及び第51条の2において「連帯納付義務者」という。）に対し第6項の規定による通知を発していない場合における当該連帯納付義務者　当該納付すべき相続税額に係る相続税
　二　納税義務者が第38条第1項又は第47条第1項の規定による延納の許可を受けた場合における当該納税義務者に係る連帯納付義務者　当該延納の許可を受けた相続税額に係る相続税
　三　納税義務者の相続税について納税の猶予がされた場合として政令で定める場合における当該納税義務者に係る連帯納付義務者　その納税の猶予がされた相続税額に係る相続税
2・3　〔略〕
4　財産を贈与した者は、〔中略〕贈与税について、当該財産の価額に相当する金額を限度として、連帯納付の責めに任ずる。
5～8　〔略〕

(4) 相続時精算課税制度

　贈与税の税制には、「暦年課税制度」と「相続時精算課税制度」があります。

　暦年課税制度とは、贈与につき、毎年110万円の基礎控除を受け、超過する部分については**図表12**で示した税率を乗じた贈与税を納税する原則的な課税方式です。

　相続時精算課税制度とは、推定相続人に対する生前贈与における贈与税を緩和し、被相続人死亡時における相続税の課税時において精算する税制であり、財産の世代間移転を促進するための制度と考

えられています。なお、同制度は平成15年に創設された比較的新しい制度です（**図表14**）。

具体的には、原則として60歳以上の父母や祖父母（「特定贈与者」）から、20歳以上の推定相続人である子や孫（「相続時精算課税適用者」）に対し、財産を贈与する場合に適用でき、同制度の適用を受けると、累積2,500万円の特別控除が認められ（相法21の9）、贈与を受けた額が特別控除額を超えた場合でも一律20％の税率の贈与税を納付すれば足ります（相法21の13）。

そして、被相続人死亡時、本来の遺産に相続時精算課税制度における贈与財産を加えて相続税を計算し、相続時精算課税制度において納税した贈与税については相続税から控除することになります。

相続時精算課税制度を選択する場合、贈与を受けた年の翌年の2月1日から3月15日の間に一定の書類を添付した贈与税の申告書を課税庁に提出する必要があります。

ここで注意すべき点は、一度、同制度を選択すると、その後の贈

図表14　相続時精算課税制度における贈与税の算定方法

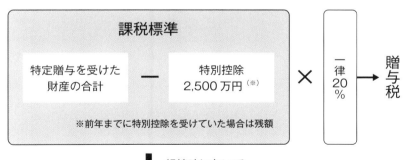

与（特定贈与者からの贈与に限ります）は全て同制度が適用され、暦年課税制度に戻すことはできないということです（つまり、暦年課税制度の基礎控除が使えなくなります）。他方、他の者からの贈与は暦年課税制度の適用を受けることができます。

相続時精算課税制度は、不動産の価格の上昇が見込まれる場合に有効とされていますが（将来、相続財産に加算する贈与財産は、相続時ではなく贈与時の時価評価であるため）、不動産価格が右肩上がりに上昇するとは限らない昨今、同制度の選択は慎重であるべきと考えます。

一方、被相続人の遺産が相続税の基礎控除の範囲内で、将来、相続税を支払う必要がない場合、同制度は有効と考えられます。なぜなら、同制度を選択すれば、生前に2,500万円までは自由に財産を移転することができますし、2,500万円を超える場合でも、贈与税の負担は少なく、納付した贈与税も相続時に還付されるからです。

では、被相続人（「特定贈与者」）よりも、相続人（「相続時精算課税適用者」）が先に死亡した場合、どのような課税関係になるのでしょうか。

この場合、相続時精算課税適用者の法定相続人が、相続時精算課税適用者の納税に関する権利義務を承継することになります（相法21の17Ⅰ）。

例えば、祖父から父に特定贈与がなされた後、父が死亡し、子が父を相続した場合、子は、父の死亡時に相続税（被相続人父）を納税し、その後の祖父死亡時に父が負担していた相続税（相続時精算課税適用者の納税に関する権利義務）を納税する必要が生じます。なお、過納の場合は還付を受けることができます。

つまり、本来、代襲相続により1度の納税で済んだものを、2度の納税を強いられることになるのです。

なお、相続人に特定贈与者が含まれる場合、当該特定贈与者は納税に関する権利義務を承継しないものとされています（相法21の17Ⅰ）。

（5）贈与税の特例

財産の世代間移転は景気対策として重要視されており、生前贈与につき、様々な非課税制度があります。なお、特例は、頻繁に変更されますので、都度、法律を確認する必要があります。

1 配偶者への居住用不動産の贈与における配偶者控除

婚姻期間が20年以上の夫婦間において、居住用不動産または居住用不動産取得資金を贈与した場合、基礎控除110万円に加えて、最高2,000万円までの配偶者控除を受けることができます（相法21の6）。

2 結婚・子育て資金の一括贈与にかかる贈与税の非課税制度

20歳以上50歳未満の者が、直系尊属から、結婚・子育て資金の一括贈与を受けた場合、最高1,000万円まで非課税となります（措法70の2の3）。

ここでいう結婚資金（300万円が限度）とは、挙式費用、新居費用などをいい、子育て資金とは、不妊治療費、妊婦検診費、分べん費、産後ケア費、子の医療費、幼稚園・保育園等保育料（ベビーシッター費を含む）など、広い概念です。

また、金融機関等で所定の手続が必要となります。

3 教育資金の一括贈与にかかる贈与税の非課税制度

30歳未満の者が、直系尊属から、教育資金の一括贈与を受けた場合、最高1,500万円まで非課税となります（措法70の2の2）。

教育資金とは、幼稚園、保育所、学校（学校等以外にも、教育のために支払われるスポーツまたは芸術なども含まれます）などに支払う費用です。

　　　結婚・子育て資金同様、金融機関等で所定の手続が必要となります。

　　4　住宅取得等資金贈与の非課税制度

　　　20歳以上の者が、直系尊属から、自己の居住の用に供する住宅用の家屋の新築、取得、増改築等のための資金の贈与を受け、その後、家屋を新築、取得、増改築し、自己の居住の用に供した場合、最高1,500万円まで（消費税が10％となる場合は最高3,000万円まで）非課税となります（措法70の2）。

　　　非課税額は、消費税が10％となるか否かによって異なっており、さらには、家屋が「良質な住宅用家屋」か「それ以外」か、また取得年月によっても異なっています。

3 所得税

（1）所得税の仕組み

　所得税は、個人の1年間（1月1日から12月31日）の所得にかかる税金です。

　法人の場合、会計年度を自由に設定できますが、個人の場合、所得税法は、各種所得の金額につき「年中の収入金額」（所法23Ⅱ、24Ⅱ、26Ⅱ、27Ⅱ、28Ⅱ、30Ⅱ、32Ⅲ、33Ⅲ、34Ⅱ、35Ⅱ）と規定しており、期間を1月1日から12月31日までと法定しています（この期間を「平成○年分」と呼びます）。

所得税を理解するには、所得概念、所得区分、所得の計算方法を押さえておく必要があります。

①**所得概念（包括的所得概念）**

　まず、所得とは何かを押さえておく必要があります。なぜなら、所得概念が所得区分に影響するからです。

　所得概念については、反復的・継続的利得にこそ担税力（経済的負担能力）があるとして、かかる利得のみを所得とする考えがあります。この考えを「制限的所得概念」といいます。

　他方、一次的・偶発的・恩恵的な利得も担税力を増加させているとして、あらゆる経済的利得を所得とする考えがあります。この考えを「包括的所得概念」といいます（純資産増加説）。

　現在、世界では包括的所得概念が主流であり、我が国も、譲渡所得、一時所得、雑所得を所得として認めていることから、包括的所得概念を採用しているものと考えられています。

②**所得区分と所得の計算方法**

　所得税法は、所得の性質に応じ、所得を以下の10種類（所得区分）に分類し、各所得の計算方法を規定しています。

　　利子所得（所法23）、配当所得（同24）、不動産所得（同26）、事業所得（同27）、給与所得（同28）、退職所得（同30）、山林所得（同32）、譲渡所得（同33）、一時所得（同34）、雑所得（同35）

　包括的所得概念の下では、あらゆる経済的利得が所得となりますので、言い換えれば、全ての経済的利得がこの10種類の所得区分に分類されることになります（**図表15**の①から⑨のどこにも含まれない所得は「⑩雑所得」に分類されます）。

所得は10種類に区分されていますが、さらに、その性質によって、「役務提供グループ」「資産譲渡グループ」「不労所得グループ」「その他の所得グループ」の４つにまとめることができます。このグループ分けをすることで、所得のイメージをさらに持ちやすく、所得の計算方法も整理することができます。

図表15　所得区分のグループ分け

　そして、最終的に全ての所得を合算して、超過累進税率により算定された所得税が課せられるのです（総合課税。ただし、退職所得、山林所得、不動産・株式等の譲渡所得は分離課税）。

　次に、それぞれのグループの所得の内容、計算方法を見ていきます。

（２）役務提供グループ（所得区分）

　まず、役務提供グループには、「事業所得」「不動産所得」「給与所得」「退職所得」が入ります。

　ここでいう「不動産所得」は、売却による所得ではなくて、使用収益による所得をいい、賃貸収入などが「不動産所得」に該当します。なお、賃貸業を事業として営んでいる場合には「事業所得」に

該当することになります。

このグループの所得の計算方法は、基本的に「収入－必要経費」ですが、給与所得と退職所得の必要経費は、給与所得控除、退職所得控除という一定率の概算控除を採用しています（他方、実際に支払った金額を控除する方法を実額控除といい、一定の場合に認められています）。

①事業所得

事業所得とは、自営業者（個人）の事業から生じる所得をいいます（所法27）。

事業所得は以下の方法で計算されます。

事業所得 ＝ 総収入金額 － 必要経費

> **所得税法**
> **（事業所得）**
> **第27条** 事業所得とは、農業、漁業、製造業、卸売業、小売業、サービス業その他の事業で政令で定めるものから生ずる所得をいう。
> 2 事業所得の金額は、その年中の事業所得に係る総収入金額から必要経費を控除した金額とする。

事業所得において問題になるのが必要経費該当性です。

必要経費とは「総収入金額を得るため直接に要した費用（個別対応の必要経費）」「販売費、管理費等、その他所得を生ずべき業務について生じた費用（一般対応の必要経費）」をいい（所法37Ⅰ）、当該支出が必要経費に該当するのかということが争われることがよくあります。

なお、個人事業主の必要経費以外の支出を「家事費（家事上の経費）」といいます。例えば、弁護士の自宅家賃、遊興費、生活費な

どです。

家事費は原則として経費計上することはできませんが（所法45Ⅰ①）、業務との関連性を立証することで、経費計上することが可能になります（所令96）。

②不動産所得

不動産所得とは、不動産等または不動産上の権利の貸付けによる所得をいいます（所法26）。

不動産所得は事業所得と同様の方法で計算されます。

不動産所得 ＝ 総収入金額 － 必要経費

所得税法
（不動産所得）
第26条　不動産所得とは、不動産、不動産の上に存する権利、船舶又は航空機の貸付けによる所得をいう。
2　不動産所得の金額は、その年中の不動産所得に係る総収入金額から必要経費を控除した金額とする。

---

③給与所得

給与所得とは、給料、賃金、役員報酬、賞与などの所得です（所法28）。役員報酬も所得税法上は「給与所得」であることに注意が必要です。

給与所得は以下の方法で計算されます。

給与所得 ＝ 収入金額 － 給与所得控除額

所得税法
（給与所得）
第28条　給与所得とは、俸給、給料、賃金、歳費及び賞与並びに

>   これらの性質を有する給与に係る所得をいう。
> 2　給与所得の金額は、その年中の給与等の収入金額から給与所得控除額を控除した残額とする。
> 3・4　〔略〕

　給与所得者は、実際に支出した必要経費の控除（実額控除）ではなく、法定された一定率の給与所得控除額の控除（概算控除）を行います。概算控除を採用する理由は、我が国に多数存在するサラリーマン（給与所得者）につき、必要経費の実額控除をすれば、サラリーマンも税務署も多大な手間、負担がかかるので、一定割合の概算控除としたのです。そして、この概算控除の不当性を争ったのがサラリーマン税金訴訟になります（最大判昭和60年3月27日）。

　もっとも、現在は、給与所得を得るための支出（特定支出）が一定の金額を超える場合は、特定支出控除（実額控除）を選択することもできます（所法57の2）。

　ここで注意すべき点は、労使紛争（解雇無効、残業代請求など）において、使用者が、労働者に対し、解決金、和解金などの名目で金員を支払ったとしても、その実質が労働の対価である場合は、給与所得や退職所得と認定されることです。また、使用者が労働者に何らかの経済的給付（物品、債務免除、便益）をした場合も、その実質によって給与所得と認定されることがあります。

　この場合、使用者に源泉徴収義務、源泉所得税の納税義務が発生し、納税しないと、不納付加算税、延滞税の支払いを余儀なくされます。当然のことながら「労働者に全額を支払ってしまった」という事実が課税庁に対する抗弁となることはありません。

　よって、源泉徴収義務を失念して支払ってしまった使用者は、一旦、課税庁に源泉所得税を納税して、労働者に対し、不当利得の返還を求めることになります。

和解の際には注意が必要です。

④退職所得

退職所得とは、退職金、退職一時金などの所得です（所法30）。退職所得は以下の方法で計算されます。

　　退職所得 ＝（収入金額 － 退職所得控除額）× １／２

※退職所得控除額

〈勤続年数20年以下〉

40万円 × 勤続年数

（ただし、80万円に満たない場合は80万円）

〈勤続年数20年超〉

80万円 ＋ 70万円 ×（勤続年数 － 20年）

所得税法

（退職所得）

第30条　退職所得とは、退職手当、一時恩給その他の退職により一時に受ける給与及びこれらの性質を有する給与に係る所得をいう。

2　退職所得の金額は、その年中の退職手当等の収入金額から退職所得控除額を控除した残額の2分の1に相当する金額とする。

3～6　〔略〕

退職所得は給与所得と同様の計算方法ですが、長年の功労に対する一時金であり、将来の生活費でもある退職金に対し、超過累進税率で一時に課税すると、税負担が極端に重くなってしまうので、税負担を軽減すべく、原則「2分の1課税」とされています。

また、同様の趣旨から、退職所得は、他の所得と合計せずに計算し、個別に申告納税します（分離課税）。

なお、死亡退職金はみなし相続財産として相続税が課税されます（相法3）。

（3）資産譲渡グループ（所得区分）

資産譲渡グループには、譲渡所得と山林所得が入ります。

いずれも、資産の譲渡により顕在化する譲渡益（キャピタルゲイン）に対する課税であり、所得の計算方法は、原則として「収入－（取得に要した費用（購入代金など）＋譲渡に要した費用）」となります。

⑤譲渡所得

譲渡所得とは、資産を譲渡するときの資産の譲渡益（値上がり益、キャピタルゲイン）のことです（所法33）。

ここでいう資産とは、土地、借地権、建物、有価証券、金、宝石、書画、骨とう、船舶、機械器具、取引慣行のある借家権、ゴルフ会員権、特許権、著作権、鉱業権、土石（砂）など譲渡性のある財産権全てです（ただし、山林の立木は山林所得、たな卸資産は事業所得に含まれるので除かれます）。貸付金や売掛金など金銭債権は含まれません。

本来、資産の価値は日々変動しているので、日々、キャピタルゲインあるいはキャピタルロスが発生しています。しかし、利益が顕在化していないところで、課税をするのは現実的ではないので、資産の譲渡により利益が顕在化した時点で課税をするのが、この譲渡所得ということになります。

家事事件をはじめ、弁護士業務を行う上で、頻繁に問題になり、もっとも気をつけなければならない所得区分といえるでしょう。

図表16　譲渡所得

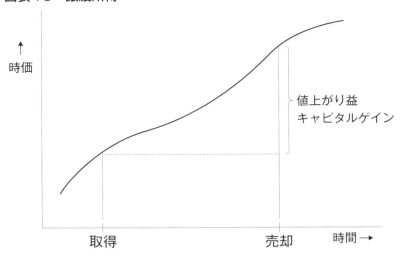

譲渡所得は以下の方法で計算されます。

譲渡所得 ＝ 総収入金額 －（取得費 ＋ 譲渡費用）－ 特別控除額

（※総合課税の場合50万円まで）

> **所得税法**
> （譲渡所得）
> **第33条**　譲渡所得とは、資産の譲渡による所得をいう。
> 2　次に掲げる所得は、譲渡所得に含まれないものとする。
> 　一　たな卸資産　〔略〕
> 　二　〔前略〕山林の伐採又は譲渡による所得
> 3　譲渡所得の金額は、次の各号に掲げる所得につき、それぞれその年中の当該所得に係る総収入金額から当該所得の基因となった資産の取得費及びその資産の譲渡に要した費用の額の合計額を控除し、その残額の合計額から譲渡所得の特別控除額を控除した金額とする。
> 　一　資産の譲渡でその資産の取得の日以後5年以内にされたもの

> による所得
> 二　資産の譲渡による所得で前号に掲げる所得以外のもの
> 4・5　〔略〕

〈取得費〉

　取得費は、購入代金や購入手数料（登録免許税、立退料、測量費、不動産取得税、印紙税など）をいいます。取得後に設備や改良により価値を上げた場合、設備や改良にかかった費用も取得費に含めることができます。他方、建物の取得費は、購入代金そのままではなく、減価償却による減算をする必要があります。

　取得費が不明な場合、あるいは少額の場合など、譲渡収入金額の５％を概算取得費とすることができます（措法31の４）。通常、先祖代々相続してきた不動産を売却する際、取得費は不明であることから、概算取得費で計算することになります。なお、概算取得費の適用を受けると、判明している取得費実額を考慮することはできません。

　その他、相続財産を一定期間内（相続税の申告期限の翌日から３年以内）に譲渡した場合、相続税額のうち一定額を取得費に加算することができます（措法39）。

> **租税特別措置法**
> **（長期譲渡所得の概算取得費控除）**
> **第31条の４**　個人が昭和27年12月31日以前から引き続き所有していた土地等又は建物等を譲渡した場合における長期譲渡所得の金額の計算上収入金額から控除する取得費は、所得税法第38条及び第61条の規定にかかわらず、当該収入金額の100分の５に相当する金額とする。ただし、当該金額がそれぞれ次の各号に掲げる金額に満たないことが証明された場合には、当該各号に掲げる

金額とする。
一　その土地等の取得に要した金額と改良費の額との合計額
二　その建物等の取得に要した金額と設備費及び改良費の額との合計額につき所得税法第38条第2項の規定を適用した場合に同項の規定により取得費とされる金額
2　〔略〕

〈譲渡費用〉

　譲渡費用とは、仲介手数料、印紙税、印紙代など譲渡にかかる経費です。

　不動産や株式等の譲渡所得は、他の所得と合計せず、当該譲渡所得のみで申告、納税する必要があります（分離課税、措法31、32）。

　また、保有期間が5年を超えるか否かで、長期譲渡所得、短期譲渡所得に分類され、長期譲渡所得は税負担が軽減されます。

図表17　譲渡所得に対する所得税の税率

税率	長期譲渡（保有期間5年超）	所得税　15.315%
		住民税　5%
	短期譲渡（保有期間5年以内）	所得税　30.63%
		住民税　9%

※所得税の税率は、平成25年から平成49年まで「復興特別所得税」として所得税額の2.1%が上乗せ課税された数値です。

※**譲渡所得の特別控除の特例**

　譲渡所得には、特別控除の特例が多数存在します。

　例えば、現に居住している不動産や居住しなくなって間もな

い不動産を譲渡した場合、一定の要件を満たすと、譲渡所得につき最大3,000万円の特別控除（または軽減税率）が認められます（措法35）。

　その他、平成28年度税制改正により、空き家に係る譲渡所得の特別控除の特例も規定されました。この特例は、平成28年4月1日から平成31年12月31日までの間に空き家を譲渡した場合、最大3,000万円の特別控除が認められるというものです。なお、空き家に該当するためには、昭和56年5月31日以前に建築された家屋（マンションを除く）であって、相続発生時に被相続人以外に居住者がおらず、かつ、その後も居住や事業の用に供していないなどの要件が必要です（措法35）。

⑥山林所得

　山林所得とは、山林の伐採、譲渡による所得（売却益）をいいます（所法32）。山林を取得してから5年以内に伐採、譲渡した場合は、山林所得ではなく、事業所得か雑所得になります（所法32Ⅱ）。

　山林所得は以下の方法で計算されます。

山林所得 ＝ 総収入金額 － 必要経費 － 特別控除額（50万円まで）

所得税法
（山林所得）
第32条　山林所得とは、山林の伐採又は譲渡による所得をいう。
2　山林をその取得の日以後5年以内に伐採し又は譲渡することによる所得は、山林所得に含まれないものとする。
3　山林所得の金額は、その年中の山林所得に係る総収入金額から必要経費を控除し、その残額から山林所得の特別控除額を控除した金額とする。
4　前項に規定する山林所得の特別控除額は、50万円とする。

山林は、通常、長い年月をかけて育て、ゆっくりと山林の価値を上げていくものなので、それを通常の超過累進税率で一時に課税すると、税負担が極端に重くなってしまいます。そこで、課税については、分離課税とし、さらに、5分5乗方式（山林所得の5分の1の所得に相当する超過累進税率で所得税を計算し、最後に当該計算額の5倍を納税額とする方式）を採用し、特別な配慮をしています。

（4）不労所得グループ（所得区分）

　不労所得グループは、「利子所得」と「配当所得」であり、原則として、「収入＝所得」となります。

⑦利子所得

　利子所得は、預貯金、国債などの利子です（所法23）。収入金額がそのまま利子所得となります。

利子所得　＝　収入金額

> **所得税法**
> **（利子所得）**
> 第23条　利子所得とは、公社債及び預貯金の利子並びに合同運用信託、公社債投資信託及び公募公社債等運用投資信託の収益の分配に係る所得をいう。
> 2　利子所得の金額は、その年中の利子等の収入金額とする。

　利子所得は所得税が源泉徴収され、納税が完結し、確定申告をすることはありません（源泉分離課税）。

⑧配当所得

　配当所得とは、株式や出資の配当です（所法24）。

原則として、収入金額が配当所得となりますが、株式等を取得するために借入れをしている場合は借入金利子を控除することができます。

　　　配当所得　＝　収入金額（－ 取得のための借入金利子）

所得税法
（配当所得）
第24条　配当所得とは、法人から受ける剰余金の配当、利益の配当、剰余金の分配、投資信託及び投資法人に関する法律第137条の金銭の分配、基金利息並びに投資信託及び特定受益証券発行信託の収益の分配に係る所得をいう。
2　配当所得の金額は、その年中の配当等の収入金額とする。ただし、株式その他配当所得を生ずべき元本を取得するために要した負債の利子でその年中に支払うものがある場合は、当該収入金額から、その支払う負債の利子の額のうちその年においてその元本を有していた期間に対応する部分の金額として政令で定めるところにより計算した金額の合計額を控除した金額とする。

　配当所得は、確定申告不要制度の適用があるか、あるいは申告分離課税制度を選択しない場合は総合課税となります。

(5) その他の所得グループ（所得区分）

　その他の所得グループが、「一時所得」と「雑所得」です。この2つの所得はイメージが持ちにくく、区別も難しいのですが、対価性・継続性のある所得と年金が雑所得であり、偶発的・臨時的な所得が一時所得と整理すると分かりやすいです。
　所得の計算においては、それぞれ所得に要した必要経費を控除することができます。

⑨一時所得

一時所得とは、「営利を目的とする継続的行為から生じた所得」以外の所得で、「役務提供の対価」や「資産譲渡による対価」の性質を有しない一時の所得をいいます（所法34）。

すなわち、対価性がなく、偶発的・臨時的な所得が一時所得であり、言うなれば「ラッキー」な所得、ラッキー所得が一時所得といえます。

例えば、懸賞や福引きの賞金品、競馬や競輪の払戻金、生命保険の一時金、損害保険の満期返戻金等、法人から贈与された金品、遺失物拾得者の報労金などが一時所得に該当します。なお、宝くじの当選金も一時所得に該当しますが、当せん金付証票法13条において、「当せん金付証票の当せん金品については、所得税を課さない。」と規定されており、非課税となっています。

一時所得は以下の方法で計算されます。

　　一時所得 ＝ 総収入金額 －（収入を得るために支出した費用
　　　　　　　　＋ 特別控除額（50万円まで））

所得税法

（一時所得）

第34条　一時所得とは、利子所得、配当所得、不動産所得、事業所得、給与所得、退職所得、山林所得及び譲渡所得以外の所得のうち、営利を目的とする継続的行為から生じた所得以外の一時の所得で労務その他の役務又は資産の譲渡の対価としての性質を有しないものをいう。

2　一時所得の金額は、その年中の一時所得に係る総収入金額からその収入を得るために支出した金額（その収入を生じた行為をするため、又はその収入を生じた原因の発生に伴い直接要した金額に限る。）の合計額を控除し、その残額から一時所得の特別控除額を控除した金額とする。

> 3　前項に規定する一時所得の特別控除額は、50万円とする。

　一時所得も、退職所得と同様に「2分の1課税」とされています（所法22）。これは、一時所得が偶発的な所得であり、担税力が低いという理由によるものです。しかし、偶発的所得は担税力が低いのか、退職所得と同様に税負担の軽減を図る必要が本当にあるのか、疑問が呈されています。

⑩雑所得

　雑所得は、他の所得区分以外の所得です（所法35）。包括的所得概念の下、他の所得区分に入らない所得は全て雑所得となるのです。

　雑所得もイメージを持ちにくい所得区分です。役務提供の対価でもなく、資産の譲渡益でもなく、利子や配当などの不労所得でもない所得で、対価性・継続性のある所得（一時所得との違い）が雑所得となります。

　例えば、著述家や作家以外の人が受ける原稿料・印税・講演料、非営業用貸金の利子、公的年金などが雑所得に該当します。

　雑所得は以下の方法で計算されます。

$$\text{雑所得} = \begin{matrix}〔公的年金等以外のもの〕\\（総収入金額 - 必要経費）\end{matrix} + \begin{matrix}〔公的年金等〕\\（収入金額 - 公的年金等控除額）\end{matrix}$$

　一時所得と類似していますが、特別控除がなく、2分の1課税もありません（事業所得と同様の計算方法となります）。

> **所得税法**
> **（雑所得）**
> 　第35条　雑所得とは、利子所得、配当所得、不動産所得、事業所得、給与所得、退職所得、山林所得、譲渡所得及び一時所得のいずれにも該当しない所得をいう。

> 2　雑所得の金額は、次の各号に掲げる金額の合計額とする。
> 一　その年中の公的年金等の収入金額から公的年金等控除額を控除した残額
> 二　その年中の雑所得(公的年金等に係るものを除く。)に係る総収入金額から必要経費を控除した金額
> 3・4　〔略〕

なお、公的年金等の雑所得については、以下の計算で計算されます。

雑所得 ＝ 公的年金等の合計額 × の割合 － 下表の控除額

年金受給者	公的年金等の合計額	割合	控除額
65歳未満	700,000円以下		全額控除
	700,001円以上1,300,000円未満	100%	700,000円
	1,300,000円以上4,100,000円未満	75%	375,000円
	4,100,000円以上7,700,000円未満	85%	785,000円
	7,700,000円以上	95%	1,555,000円
65歳以上	1,200,000円以下		全額控除
	1,200,001円以上3,300,000円未満	100%	1,200,000円
	3,300,000円以上4,100,000円未満	75%	375,000円
	4,100,000円以上7,700,000円未満	85%	785,000円
	7,700,000円以上	95%	1,555,000円

※**雑所得と一時所得の区別（競馬脱税事件判例を参考に）**

　大まかにいえば、対価性・継続性のある所得と年金が雑所得であり、偶発的・臨時的なラッキー所得が一時所得であると説明しました。

　かかる違いは、それぞれの収入から控除できる経費の性質に大きな影響を与えます。

つまり、雑所得の場合、対価性・継続性のある所得であることから、経費についても、継続的な収入と関係する継続的な支出を経費として控除することができます。

他方、一時所得の場合、臨時的な所得であることから、経費については、当該臨時的な所得と直接関係する支出のみを経費として控除できるという結論になります。

最近、前述の違いを争点とする刑事裁判がありました。競馬予想ソフトを使って、馬券を機械的、網羅的、大量に購入し、外れ馬券分を全て経費控除し、馬券の払戻金を雑所得として申告していた個人が、所得税法違反で逮捕され、刑事裁判において、馬券の払戻金が一時所得か雑所得かが争いになったのです。

それまで、課税庁は、馬券の払戻金は、一律に一時所得と扱っており、つまり、払戻金から控除できる経費としては、当該払戻金に関する当たり馬券購入費用のみとの運用をしていました。

しかし、平成27年3月10日の最高裁判決は、馬券の払戻金を受けた者の馬券購入行為の態様や規模等によって、一時所得ではなく、雑所得に該当する場合があり、雑所得に該当する場合は外れ馬券分も所得金額の計算上控除することができると判示しました。

そこで、課税庁も運用、通達を変更して、馬券の払戻金について、雑所得に該当することがあることを認めました（所基通34－1）。

この考え方は、パチンコなどにも応用できそうですが、規模、金額から難しいように思われます。

(6) 所得税の計算・申告納税

　所得税は、1月1日から12月31日までの1年間の各種所得を通算し、所得控除（医療費控除、社会保険料控除など）をして、課税所得を算出し、課税所得に応じた超過累進税率を乗じて所得税を算出します。算出された所得税から税額控除「住宅借入金等特別控除」（以下、住宅ローン控除とする）を行い、翌年の2月16日から3月15日までに所得税の確定申告をして、申告期限までに所得税を納税します（所法120、128）。

　不動産や株式の譲渡所得、山林所得、退職所得などは、他の所得と区別して確定申告しなければなりません（申告分離課税、所法21、22）。

　所得の計算において、所得の帰属年分が問題になることがあります。この点、所得税法36条1項は、「その年において収入すべき金額」とすると規定しており、実際に現金を取得したときではなく、現金等の経済的利益の取得が確定したときとされています（権利確定主義）。

　弁護士の実務で注意すべき点としては、裁判上の和解などによって長期分割払いの合意をしたとしても、和解日の属する年分に全額の所得計上が必要になります。

図表18　所得税の算定方法

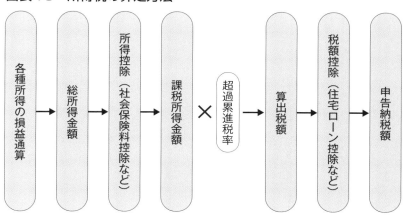

図表19　所得税（総合課税）の速算表

課税所得金額	税率	控除額
195万円以下	5%	0円
195万円を超え330万円以下	10%	97,500円
330万円を超え695万円以下	20%	427,500円
695万円を超え900万円以下	23%	636,000円
900万円を超え1,800万円以下	33%	1,536,000円
1,800万円を超え4,000万円以下	40%	2,796,000円
4,000万円超	45%	4,796,000円

※平成25年から平成49年まで「復興特別所得税」として、所得税額の2.1%が上乗せ課税されます。

（7）源泉徴収制度・年末調整

　所得税には源泉徴収制度があります（所得税法第4編、所法181以下）。

源泉徴収制度とは、個人や法人が、個人に給料や報酬を支払う際、支払いを受けた個人が納めるべき所得税額を予め天引きし（源泉徴収）、一定の期日において、源泉徴収した所得税を国に納める制度をいいます。かかる源泉徴収制度は、納税義務者と実質的な税負担者を分離することで、簡便かつ確実な納税を実現する制度といわれています。

　また、法人に対する支払いであっても、支払者に源泉徴収義務が発生する場合もあります（所法212Ⅲ参照）。

　原則として、個人や法人が源泉徴収義務者となるのですが、後述の要件に該当する個人は、源泉徴収義務者から除外されます（所法184、204Ⅱ）。

　　①常時2人以下の家事使用人だけに給与や退職金を支払っている個人
　　②給与や退職金の支払いがなく、弁護士報酬などの報酬・料金だけを支払っている個人（例えば、給与所得者が弁護士に事件を依頼した場合）

　弁護士が、個人に弁護士報酬を請求する場合に源泉徴収を受けないのは、上記の除外規定があるからです（所法204Ⅱ）。

　また、源泉徴収の対象とされる主な所得は以下のとおりです。

〈源泉徴収の対象とされる主な所得〉
利子所得、配当所得（所法181）
給与所得（所法183）
退職所得（所法199）
公的年金等（所法203の2）
以下の報酬・料金等（所法204）
　　原稿料、講演料等

> 弁護士、税理士、司法書士等に支払う報酬・料金等
> 社会保険診療報酬
> 専属契約（プロ野球、モデル、騎手など）等の契約金
> 外交員、集金人等に支払う報酬・料金等
> 映画、テレビ、ラジオ等の報酬・料金等
> 出演料、芸能人に支払う報酬・料金等
> ホステス等に支払う報酬・料金等
> （役務提供の）契約金
> 広告宣伝のために支払う賞金等
>
> 生命保険契約、損害保険契約等に基づく年金（所法207）
> 匿名組合契約等に基づく利益分配（所法210）
> 非居住者の所得のうち国内源泉のある一定のもの（所法212）

　そして、給与所得者についての源泉徴収制度において、年末調整は不可欠な手続となります。

　弁護士など確定申告をする者が源泉徴収を受けていた場合、確定申告によって源泉徴収された所得税額と実際に納税すべき所得税額の過不足を精算することになります。

　他方、給与所得者が源泉徴収を受けた場合、支払者（会社など）が、給与所得者から源泉徴収した所得税額と給与所得者が実際に納めるべき所得税額の過不足を精算することになります。この精算手続を年末調整といいます（所法190）。

　年末調整の結果、給与所得者は、確定申告の必要がなくなることが多いのですが、医療費控除、住宅ローン控除（初年分のみ。２年目以降は年末調整で対応可能）などの特例の適用を受ける場合は、なお、確定申告が必要になります（所法120Ⅲなど）。

※給与支払報告書

　少し余談となりますが、「給与支払報告書」について触れたいと思います。

　所得税は、納税者が、当該年分の所得から計算して申告しますが（申告納税制度）、住民税（所得割）は、市区町村長が、前年分の所得を基に計算して課税します（賦課課税制度）。

　そして、確定申告をしている納税者の場合、市区町村長は、確定申告書から納税者の所得を把握し、住民税（所得割）を賦課します。

　他方、確定申告をしていない給与所得者の場合、市区町村長は、どのようにして納税者の所得を把握しているのでしょうか。

　給与所得者の場合、給与の支払者（会社など）が「給与支払報告書」を市区町村長に提出することで、市区町村は前年の所得を把握し、住民税（所得割）を賦課しているのです。

4 相続における所得税の留意点

（1）相続による資産の取得と所得税

> **Q** 相続による資産の取得につき、なぜ所得税がかからないのでしょうか。
>
> **A** 「所得」には該当しますが、所得税法において、非課税所得と規定しているからです。

　包括的所得概念の下、相続財産の取得も所得（一時所得あるいは

雑所得）に該当することから、理論上は「所得」であり、所得税が課せられるべきということになります。

しかし、所得税と相続税の二重課税は、相続人の税負担が重すぎるので、所得税法において、相続における資産の取得は「非課税所得」と規定しています。

つまり、相続による財産の取得も所得に該当するものの、例外規定により、非課税となっているに過ぎないのです。

所得税法
（非課税所得）
第9条 次に掲げる所得については、所得税を課さない。
　一～十五　〔略〕
　十六　相続、遺贈又は個人からの贈与により取得するもの
　十七　〔略〕
2　〔略〕

原則　所得として課税
　　　相続による資産の取得も一時所得（雑所得）に該当。
修正　非課税所得
　　　次に掲げる所得については所得税を課さない（所法9Ⅰ）
　　　「相続、遺贈又は個人からの贈与により取得するもの（所法9Ⅰ⑯）」

(2) 相続による資産の譲渡と所得税

①課税の繰延べ

> **Q** 相続により、被相続人に譲渡所得が発生した場合、譲渡所得は課税されないでしょうか。
>
> **A** 譲渡所得は発生しますが、所得税法において、課税の繰延べ(先送り)を規定しており、課税されません。

　資産を譲渡したときに転売益があれば、譲渡所得として、所得税が課税されます。

　そこで、相続も資産の譲渡である以上、譲渡所得が発生すれば、被相続人の下で譲渡所得税が発生し、それを法定相続人が承継することになります（国通5Ⅰ）。

　しかし、相続人の立場からすると、相続により、相続税に加えて所得税の負担までしなければならないというのでは、税負担が重すぎます。

　そこで、所得税法60条1項1号は、相続による資産の譲渡の場合、含み益が顕在化していないことから、譲渡所得も発生しないものとして、相続人が当該資産を、（被相続人の所有の時から）引き続き所有していたものとみなす旨を規定しました。これを「取得費の引継ぎ」といいます。

　この規定により、相続人が当該資産を相続以外の方法で譲渡した場合にはじめて譲渡所得が発生し、所得税が課税されることになります（＝課税の繰延べ）。非常に重要な規定です。

> 所得税法
> **（贈与等により取得した資産の取得費等）**
> **第60条** 居住者が次に掲げる事由により取得した前条第1項に規定する資産を譲渡した場合における事業所得の金額、山林所得の金額、譲渡所得の金額又は雑所得の金額の計算については、その者が引き続きこれを所有していたものとみなす。
> 　一　贈与、相続（限定承認に係るものを除く。）又は遺贈（包括遺贈のうち限定承認に係るものを除く。）
> 　二　前条第2項の規定に該当する譲渡
> 2　居住者が前条第1項第1号に掲げる相続又は遺贈により取得した資産を譲渡した場合における事業所得の金額、山林所得の金額、譲渡所得の金額又は雑所得の金額の計算については、その者が当該資産をその取得の時における価額に相当する金額により取得したものとみなす。

　取得費の引継ぎ、課税の繰延べにつき、**図表20**を用いて説明します。

　まず、被相続人が財産を取得し、その後、相続が発生し、相続人に財産が譲渡されると、被相続人の下にⒶという含み益が顕在化します。しかし、相続による財産の取得においては、相続人が当該財産を被相続人が所有していた時から引き続き所有していたものとみなされ（取得費の引継ぎ）、結果、Ⓐの含み益はいまだ顕在化していないものと擬制します（課税の繰延べ）。

　そして、被相続人が当該財産を売却したとき、本来であれば、被相続人の下ではⒸという含み益が発生するのですが、被相続人の下で発生した含み益Ⓐを合算して、譲渡所得をⒷと考え、所得税が課税されることになるのです。

　なお、相続人が死亡し、さらに次の相続が発生した場合、取得費

図表20　譲渡所得課税の繰延べ

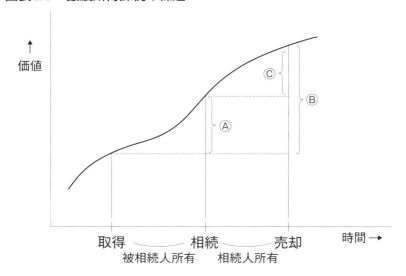

はさらに引き継がれ、課税も繰り延べされていきます。

　また、相続のみならず、贈与（遺贈）も取得費の引継ぎ、課税の繰延べがなされます（所法60Ⅰ①）。

　このように、相続・贈与においては、譲渡所得課税がなされないのです。

②限定承認（みなし譲渡）

　ここで注意すべきは、所得税法60条1項1号に規定する「相続・遺贈」は限定承認を除外していることです。

　相続に際し、法定相続人が限定承認をした場合、原則に戻って、取得費の引継ぎ、課税の繰延べはなされず（所法60Ⅰ①の適用がなくなる）、被相続人の下で譲渡所得が発生し、納税義務を承継した法定相続人に譲渡所得課税が行われます。

　具体的には、限定承認の時に時価で譲渡したものとみなされ（所

法59Ⅰ①）、含み益である譲渡所得が発生してしまうのです。

> **所得税法**
> **（贈与等の場合の譲渡所得等の特例）**
> **第59条** 次に掲げる事由により居住者の有する山林又は譲渡所得の基因となる資産の移転があった場合には、その者の山林所得の金額、譲渡所得の金額又は雑所得の金額の計算については、その事由が生じた時に、その時における価額に相当する金額により、これらの資産の譲渡があったものとみなす。
> 　一　贈与（法人に対するものに限る。）又は相続（限定承認に係るものに限る。）若しくは遺贈（法人に対するもの及び個人に対する包括遺贈のうち限定承認に係るものに限る。）
> 　二　著しく低い価額の対価として政令で定める額による譲渡（法人に対するものに限る。）
> 2　〔略〕

　図表20で説明しますと、相続の時に時価で譲渡したものとみなされ、譲渡所得としてⒶが認識されることになるのです。

　相続財産の中に、先祖代々相続してきた不動産がある場合、限定承認をすると、取得費は概算取得費の5％程度しか認められず、時価の95％が譲渡所得として認識され、20.315％の所得税（住民税を含む）がかかってしまいます。

　以上のとおり、遺産の中に、含み益が見込まれる不動産がある場合、限定承認をすると、みなし譲渡による譲渡所得課税の問題が発生します。

　この点、所得税の納税義務を含めると債務超過に陥ってしまう場合は、相続放棄の扱いとなり、納税義務はなくなりますが（国通5Ⅰ）、限定承認をしなければ、納税義務が発生せず、債務超過に陥

らなかったというケースもありえますので、相続財産に含み益が見込まれる不動産などが含まれている場合、限定承認は慎重に行う必要があります。

③法人への遺贈（みなし譲渡）

　取得費の引継ぎの例外はもう１つあります。

　それは、法人への遺贈です。

　法人への遺贈においても、取得費の引継ぎや課税の繰延べはなされず（そもそも法人に所得税法60条１項１号は適用されない）、その結果、時価で譲渡したものとみなされ（所法59Ⅰ①）、法定相続人は譲渡所得税の納税義務を承継します。

　例えば、被相続人には、子ども（法定相続人）がいるけれども、自らの財産の一部を支援している企業に遺贈したとします。この場合、法定相続人は、当該財産を取得していないどころか、キャピタルゲインも取得していないにもかかわらず、譲渡所得税を負担することになってしまうのです。

　法人への遺贈において、取得費の引継ぎや課税の繰延べが行われない実質的な理由は以下のとおりです。

　所得税法60条１項１号の規定する取得費の引継ぎは、将来、譲渡（売却）によって含み益が顕在化したときに、過去分もまとめて譲渡所得課税を行うという方法によります。ところが、継続企業の前提（ゴーイング・コンサーン）がある法人には、含み益顕在化の機会がなく、取得費の引継ぎ（課税の繰延べ）を認めてしまうと、譲渡所得課税をするタイミングがなくなってしまいます。そこで、法人への遺贈の時点で、時価で譲渡したものとみなし、譲渡所得を精算させることにしたのです。

　なお、法人としても、遺贈を受けると、時価相当額の受贈益が発生し（益金算入）、多額の法人税の負担を余儀なくされるリスクが

あります。

　この点の例外として、公益法人等に対する一定要件を満たす遺贈（寄附）で国税庁長官の承認を受けたものは、遺贈がなかったものとみなされ、譲渡所得課税がなくなりますが（措法40Ⅰ）、基本的に法人への遺贈は、極めて慎重にしなければならないということになります。

> **※特定遺贈と包括遺贈における譲渡所得課税の違い**
>
> 　遺贈の形態には特定遺贈と包括遺贈があります。特定遺贈とは、特定の財産を遺贈する方法をいい、包括遺贈とは、財産を特定することなく、全部あるいは割合を示して遺贈する方法をいいます。
>
> 　国税通則法5条2項は、相続における納税義務の承継につき、包括受遺者は相続人と同様に扱うものと規定し、所得税法2条2項も、相続人には包括受遺者を含むものと規定しています。そこで、法人が包括遺贈を受けた場合、他の相続人と同様に被相続人（被包括遺贈人）の譲渡所得にかかる所得税を案分承継することになります（国通5Ⅱ）。法人が財産全部の包括遺贈を受けた場合には、法人のみが被包括遺贈人の譲渡所得税の承継を受けることになります。他方、法人が特定遺贈を受けた場合、包括遺贈のような規定がないことから、相続人は、財産を取得しておらず、キャピタルゲインを取得していないにもかかわらず、被相続人の譲渡所得にかかる所得税を承継しなければならないことになってしまいます。

④相続・贈与における譲渡所得のまとめ

　相続・贈与における譲渡所得についてまとめると以下のようになります。

原則　譲渡所得課税

　相続・贈与による資産の譲渡で、含み益が顕在化。

　そうすると、被相続人（贈与者）において譲渡所得が発生し、所得税が課せられる。相続の場合、法定相続人が、被相続人の納税義務を承継する。

例外　取得費の引継ぎ

　所得税法60条1項1号は、相続・贈与によって資産を取得する場合、相続人・受贈者が当該資産を引き続き所有していたものとみなすものと規定し、譲渡所得が発生しないものとした。

　その結果、相続人・受贈者が、被相続人・贈与者の取得日や取得費を引き継ぐことになり、後日、相続人・受贈者が当該資産を相続・贈与以外の方法で譲渡する場合にはじめて譲渡所得が発生することになる（＝課税の繰延べ）。

例外の例外（＝原則）その1　限定承認時の「みなし譲渡」

　所得税法60条1項1号は限定承認を除外している。

　そこで、法定相続人が限定承認をした場合、当該資産は時価で相続人に譲渡したものとみなされ（所法59Ⅰ①）、原則に戻り、被相続人において譲渡所得が発生し、相続人は当該納税義務を承継する。

例外の例外（＝原則）その2　法人への遺贈時の「みなし譲渡」

　贈与を受けた法人に取得費の引継ぎはなく、その結果、法人に対する贈与も時価で譲渡したものとみなされ（所

> 法59 I ①)、原則どおり、被相続人において時価譲渡を前提とした譲渡所得が発生し、相続人および包括受遺者は当該納税義務を承継する。
>
> **例外の例外の例外（＝例外）**
> 　　公益法人等に対する一定要件を満たす遺贈（寄附）で国税庁長官の承認を受けたものは、遺贈がなかったものとされ、譲渡所得課税がなくなる（措法40 I）。

ここで、第1章「3　個人・法人の区別」で説明した下記ケース（**ケース1、ケース2**）を、もう一度、見直したいと思います。

図表21　贈与における課税関係

ケース	贈与者	受贈者	贈与者への課税	受贈者への課税
1	個人	個人	所得税（ただし取得費の引継ぎのため不発生）	贈与税
2	個人	法人	所得税（みなし譲渡）	法人税（受贈益）

　ケース1と**ケース2**の贈与者には、それぞれ譲渡所得税が課税されそうですが、**ケース1**の場合は、取得費の引継ぎがあるので、課税は受贈者に繰延べされることになります。
　他方、**ケース2**では、時価で譲渡したものとみなされる結果、贈与者の下で譲渡所得が発生し、譲渡所得税が課税されることになります。

確定申告後の手続の流れ（税務争訟）

　確定申告後の手続の流れを説明します。弁護士にとって、確定申告後の手続の流れを把握しておくことは重要です。

〈当初申告額が過少だった場合〉
　まず、確定申告した税額が過少だった場合、納税者は、増額の修正申告をすることで、増額された税額を確定させることができます。
　また、納税者が増額の修正申告をしない場合、課税庁が増額の更正処分をすることもあります。

〈当初申告額が過大だった場合〉
　他方、確定申告した税額が過大だった場合、納税者は、課税庁に対し、減額の更正の請求をすることになります。課税庁は、更正の請求に理由があると認めると、減額の更正処分をなし、減額された税額が確定します。
　他方、更正の請求に理由がないと認めるときは、更正の理由なき通知処分を行います。
　また、希ですが、課税庁が自発的に減額の更正処分をすることもあります。

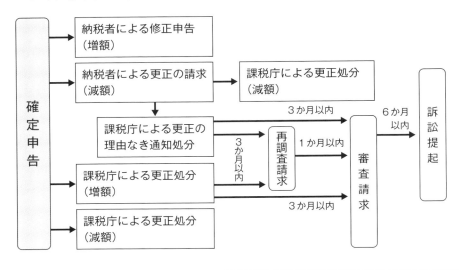

〈課税庁の処分を争う方法〉

再調査請求

　更正処分や更正の理由なき通知処分に不服があるときは、処分の通知を受けた日の翌日から３か月以内に、税務署長に対して「再調査の請求」を行うことができます。なお、再調査の請求を行わずに、直接、国税不服審判所長に対して「審査請求」を行うこともできます。審理の期間は概ね３か月程度です。

　再調査決定の種類は「却下」「棄却」「取消し（一部・全部）」「変更」などがあります。

　再調査請求においては、個別具体的な対応、柔軟な解決が可能な一方、課税庁は通達に拘束され、通達に反する判断はできません。納税者は、再調査の範囲外の事項について調査を受け、課税されるリスクもあります。

審査請求

　更正処分や更正の理由なき通知処分に不服があるときは、処分の通知を受けた日の翌日から３か月以内に（再調査請求を経てから行う場合には、再調査決定書謄本の送達を受けた日の翌日から１か月以内に）、国税不服審判所長に対して「審査請求」を行うことができます。

　審理の期間は概ね10か月程度です。

　裁決の種類には、「却下」「棄却」「取消し（一部・全部）」「変更」があります。

税務訴訟

　国税不服審判所長の裁決に不服があるときは、裁決書謄本の送達を受けた日の翌日から６か月以内に裁判所に「訴訟」を提起することができます。

　ここで注意すべきは、税務訴訟を提起するには、原則として課税庁の行政処分が存在している必要があり（確定申告をしているだけでは課税庁の処分は存在していません）、行政不服申立手続である審査請求を経る必要があるということです。

　判決の種類には、「却下」「棄却」「認容（一部・全部）」があり、控訴、上告することも可能です。

　最後に、再調査請求、審査請求、税務訴訟の年間の件数、認容件数、認容率はどのようになっているでしょうか。過去11年間の処理済件数、認容件数、認容率を次ページに掲載しておきます（国税庁ホームページをもとに作成）。

異議申立(現再調査請求)

	認容件数／処理済件数	認容率
平成17年	618／4549	13.6%
平成18年	411／4027	10.2%
平成19年	555／4956	11.2%
平成20年	468／5313	8.8%
平成21年	591／4997	11.8%
平成22年	476／4746	10.0%
平成23年	375／4511	8.3%
平成24年	325／3286	9.9%
平成25年	253／2534	10.0%
平成26年	256／2745	9.3%
平成27年	270／3200	8.4%

平均　10.1%

審査請求

	認容件数／処理済件数	認容率
平成17年	470／3167	14.8%
平成18年	361／2945	12.3%
平成19年	304／2404	12.6%
平成20年	415／2814	14.7%
平成21年	384／2593	14.8%
平成22年	479／3717	12.9%
平成23年	404／2967	13.6%
平成24年	451／3618	12.5%
平成25年	236／3073	7.7%
平成26年	239／2980	8.0%
平成27年	184／2311	8.0%

平均　12.0%

税務訴訟

	認容件数／処理済件数	認容率
平成17年	52／559	9.3%
平成18年	80／447	17.9%
平成19年	55／387	14.2%
平成20年	38／356	10.7%
平成21年	16／320	5.0%
平成22年	27／354	7.6%
平成23年	51／380	13.4%
平成24年	24／383	6.3%
平成25年	24／328	7.3%
平成26年	19／280	6.8%
平成27年	22／262	8.4%

平均　9.7%

第2編

実務編

第1章 相続における課税関係

1 基本的な遺産分割
―― 譲渡所得を考慮しないケース

〈設例1〉
　被相続人Xの遺産を、子のYとZが相続した。

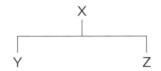

(1) 相続税の申告・納税義務

　被相続人Xの死亡により、YとZがXの遺産を相続することになります。
　そして、Xの遺産総額が基礎控除（3,000万円＋600万円×2人）を超えていた場合、YとZは相続税の確定申告をし、納税する必要があります。
　また、小規模宅地等の評価減や配偶者の税額軽減などの特例の適用を受ける場合も、納税額の有無にかかわらず、相続税の確定申告をする必要があります。
　その場合、納税義務者は、「相続の開始のあったことを知った日の翌日から10か月以内」に相続税の確定申告をし（相法27Ⅰ）、同期限までに納税する必要があります（相法33）。これを怠ると、無

申告加算税や延滞税が賦課されてしまいます。

　なお、相続開始を知った以上、その遺産内容を把握していなかった場合や、遺産分割協議がまとまらず、取得する財産が確定していなかった場合でも、「相続の開始のあったことを知った日」に該当するので注意が必要です。

（2）申告期限までに遺産分割協議がまとまらない場合の対応

　遺産分割協議が、申告期限（10か月）までにまとまらない場合、まずは法定相続分で申告・納税し、遺産分割協議成立後、更正の請求（税額が減少する場合）または修正申告（税額が増加する場合）で訂正することになります（相法55）。

　法定相続分による確定申告をした場合、当該申告において、配偶者の税額軽減や小規模宅地等の評価減などの特例の適用を受けることはできません。よって、当初申告では、各相続人の税負担が重くなるので、納税資金の準備に配慮する必要があります。

　将来、配偶者の税額軽減や小規模宅地等の評価減などの特例の適用を受けようと考える場合には、法定相続分での申告（当初申告）に際し、「申告期限後３年以内の分割見込書」（34、35頁参照）を提出しておく必要があります。その後、３年以内に遺産分割協議を調え、修正申告等をする際に、前述の特例の適用を受けることができます（相法19の２、措法69の４）。

　さらに、３年以内に遺産分割がまとまらない場合は、「遺産が未分割であることについてやむを得ない事由がある旨の申請書」（36、37頁参照）により課税庁の承認を受けておくことで、なお特例の適用を受けることができます。

（3）相続開始前３年以内の生前贈与の取扱い

　相続開始前３年以内に生前贈与があった場合、当該贈与財産を遺

産に加算して、相続税を計算する必要があります（相法19）。

　他方、当該生前贈与において、贈与税を納税していた場合、当該贈与税額を、相続税から控除することができます。

> **相続税法**
> **（相続開始前三年以内に贈与があつた場合の相続税額）**
> **第19条**　相続又は遺贈により財産を取得した者が当該相続の開始前3年以内に当該相続に係る被相続人から贈与により財産を取得したことがある場合においては、その者については、当該贈与により取得した財産の価額を相続税の課税価格に加算した価額を相続税の課税価格とみなし、第15条から前条までの規定を適用して算出した金額をもつて、その納付すべき相続税額とする。
> 2　〔略〕

（4）みなし相続財産

　被相続人以外が受け取る生命保険金や退職手当金は、受取人固有の財産であり、遺産分割の対象とはなりませんが、相続税の計算においては、みなし相続財産として、遺産に含まれます（相法3Ⅰ①・②）。なお、生命保険金や退職手当金のうち「500万円×法定相続人数」は非課税財産として（相法12Ⅰ⑤・⑥）遺産から控除できます。

　ちなみに、相続人が受け取る生命保険金が、遺産総額の比率、各相続人の生活実態等を総合考慮して、是認できないほどに不公平である場合には、特別受益を規定する民法903条の類推適用によって、遺産に持ち戻されることがあります（最高裁平成16年10月29日決定）。

> 相続税法
> （相続又は遺贈により取得したものとみなす場合）
> 第3条　次の各号のいずれかに該当する場合においては、当該各号に掲げる者が、当該各号に掲げる財産を相続又は遺贈により取得したものとみなす。この場合において、その者が相続人であるときは当該財産を相続により取得したものとみなし、その者が相続人以外の者であるときは当該財産を遺贈により取得したものとみなす。
> 一　被相続人の死亡により相続人その他の者が生命保険契約の保険金又は損害保険契約の保険金を取得した場合においては、当該保険金受取人について、当該保険金のうち被相続人が負担した保険料の金額の当該契約に係る保険料で被相続人の死亡の時までに払い込まれたものの全額に対する割合に相当する部分
> 二　被相続人の死亡により相続人その他の者が当該被相続人に支給されるべきであつた退職手当金、功労金その他これらに準ずる給与で被相続人の死亡後3年以内に支給が確定したものの支給を受けた場合においては、当該給与の支給を受けた者について、当該給与
> 　三〜六〔略〕
> 2・3〔略〕

(5) 連帯納付義務

　相続人YとZは、相互に、相続により取得した金額を限度として、相続税の連帯納付義務を負担します（相法34Ⅰ）。

　連帯納付義務は、本税のみならず、延滞税にも及ぶので、各相続人は、他の相続人の納税状況を確認しておく必要があります。特に弁護士がかかわる相続案件では、相続人間の関係が悪く、他の相続人の納税状況まで把握できないことが多いので、注意が必要です。

例えば、相手方代理人の弁護士に確認したり、税務署に粘り強く確認したり、場合によっては、税務署に弁済の提供をしておくという方法も考えられます。

この点、連帯納付義務の負担は重すぎるとの批判があり、平成24年の相続税法改正により、①連帯納付義務者に、申告書の提出期限から5年以内に納付通知書による通知がない場合、②主たる納税義務者が延納の許可を受けた場合、③主たる納税義務者が納税猶予された場合、連帯納付義務が免除されることになりました（相法34Ⅰ①～③）。

> **相続税法**
> **（連帯納付の義務等）**
> **第34条** 同一の被相続人から相続又は遺贈により財産を取得した全ての者は、その相続又は遺贈により取得した財産に係る相続税について、当該相続又は遺贈により受けた利益の価額に相当する金額を限度として、互いに連帯納付の責めに任ずる。ただし、次の各号に掲げる者の区分に応じ、当該各号に定める相続税については、この限りでない。
> 一　納税義務者の第33条又は国税通則法第35条第2項若しくは第3項の規定により納付すべき相続税額に係る相続税について、第27条第1項の規定による申告書の提出期限から5年を経過する日までに税務署長がこの項本文の規定により当該相続税について連帯納付の責めに任ずる者に対し第6項の規定による通知を発していない場合における当該連帯納付義務者　当該納付すべき相続税額に係る相続税
> 二　納税義務者が第38条第1項又は第47条第1項の規定による延納の許可を受けた場合における当該納税義務者に係る連帯納付義務者　当該延納の許可を受けた相続税額に係る相続税
> 三　納税義務者の相続税について納税の猶予がされた場合として政令で定める場合における当該納税義務者に係る連帯納付義務

> 者　その納税の猶予がされた相続税額に係る相続税
> 2～8　〔略〕

（6）相続税の立替えと求償権の放棄

相続人Ｙが相続人Ｚの相続税を肩代わりして、その後、ＹがＺに対する求償権を放棄した場合、債務免除とみなされ、債務免除を受けた相続人Ｚには贈与税が課せられてしまいます。

債務免除には常に注意が必要です。

（7）相続の放棄と基礎控除

相続の放棄をすると、はじめから相続人とならなかったものとみなされます（民939）。

では、相続の放棄は、課税遺産総額を決める際の基礎控除に影響を及ぼすでしょうか。

この点、基礎控除の計算においては、「相続の放棄があった場合には、その放棄がなかったものとした場合における相続人の数とする」と規定しており（相法15Ⅱ）、相続の放棄は、基礎控除の計算に影響を与えません。

よって、Ｙが相続放棄した場合でも、基礎控除は「3,000万円＋600万円×2人分」となります。

（8）所得税の準確定申告

被相続人に事業所得や不動産所得があった場合、1月1日から死亡日までの所得につき、確定申告が必要となります。

確定申告すべき個人が死亡した場合、相続人は、1月1日から死亡した日までの所得につき、相続の開始があったことを知った日の翌日から4か月以内に確定申告および納税をしなければなりません（所法124、125）。

2 不動産の共有分割・現物分割

〈設例2〉
　被相続人Xの遺産である不動産につき、子のYとZが共有持分2分の1ずつとする共有分割とした。あるいは、分筆し、現物分割とした。

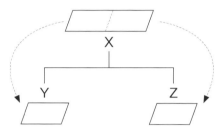

(1) 相続税

「1　基本的な遺産分割」と同じです。
　相続により取得した宅地等が、相続開始の直前において被相続人等の事業の用に供されていたり、居住の用に供されていた場合には、一定の要件を満たすことで、小規模宅地等の評価減の特例の適用を受けることができ、不動産の評価額を大幅に減額（最大8割減）することができます（措法69の4）。

(2) 譲渡所得の不発生（取得費の引継ぎ）

　資産譲渡による含み益（キャピタルゲイン）は、譲渡所得として所得税が課税されます。
　相続も資産の譲渡である以上、譲渡所得が発生すれば、被相続人の下で譲渡所得税が発生し、それを法定相続人が承継するのが原則です（国通5Ⅰ）。

しかし、相続人の税負担軽減の見地から、相続や贈与による資産譲渡の場合、相続人が当該資産を、被相続人の所有の時から引き続き所有していたものとみなされ（取得費の引継ぎ）、譲渡所得は発生しません（所法60Ⅰ①）。

　その結果、後日、相続人が、当該資産を相続や贈与以外の方法で譲渡した場合にはじめて譲渡所得が発生し、所得税が課税されることになります（課税の繰延べ）。

　なお、譲渡所得の計算において、先祖代々相続してきた不動産は取得費が不明であることが多く、その場合、取得費については、概算取得費5％で計算することになります（措法31の4Ⅰ）。概算取得費の適用を受けると、判明している取得費実額を考慮することはできません。

> **租税特別措置法**
> **（長期譲渡所得の概算取得費控除）**
> **第31条の4**　個人が昭和27年12月31日以前から引き続き所有していた土地等又は建物等を譲渡した場合における長期譲渡所得の金額の計算上収入金額から控除する取得費は、所得税法第38条及び第61条の規定にかかわらず、当該収入金額の100分の5に相当する金額とする。ただし、当該金額がそれぞれ次の各号に掲げる金額に満たないことが証明された場合には、当該各号に掲げる金額とする。
> 　一　その土地等の取得に要した金額と改良費の額との合計額
> 　二　その建物等の取得に要した金額と設備費及び改良費の額との合計額につき所得税法第38条第2項の規定を適用した場合に同項の規定により取得費とされる金額
> 　2　〔略〕

（3）限定承認をした場合（みなし譲渡）

　限定承認とは、相続によって取得した財産の限度で相続債務を弁済することを留保してなされる相続の承認（民922）であり、有限責任の承認のことです。限定承認の申述は相続人全員で行う必要があります（民923）。相続人YおよびZが限定承認し、かつ、積極財産の方が多いことが判明し、相続することになった場合、どのような課税関係になるのでしょうか。

　取得費の引継ぎを規定する所得税法60条1項1号の「相続又は遺贈」は、限定承認を除外していることから、限定承認をした場合には、課税の繰延べはなされません。

　その結果、限定承認をした場合には、時価で譲渡したものとみなされてしまい（所法59Ⅰ①）、納税の原則に戻って、被相続人の下で、含み益である譲渡所得が発生し、所得税の納税義務が生じ、相続人がそれを承継することになります。

　つまり、法定相続人が限定承認をした場合、課税の繰延べはなされず、譲渡所得課税が行われてしまうのです。

　所得税の納税義務を含めると債務超過となる場合には、納税義務も含めて相続放棄ということになりますが（国通5Ⅰ）、限定承認をしなければ、債務超過に陥らなかったというケースもありえますので、資産に含み益が見込まれる場合の限定承認には注意が必要です。

3 一方が不動産を、他方が現預金を相続

〈設例3〉
　被相続人Ｘの遺産である不動産と現預金につき、Ｙが不動産を相続し、Ｚが現預金を相続した。

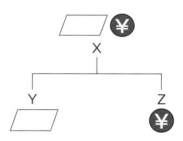

（1）相続税

　「1　基本的な遺産分割」と同じです。
　相続により取得した宅地等が、相続開始の直前において被相続人等の事業の用に供されていたり、居住の用に供されていたりする場合、一定の要件を満たすことで、小規模宅地等の評価減の特例の適用を受けられ、不動産の評価額を大幅に減額（最大8割減）することができます（措法69の4）。

（2）譲渡所得の不発生（取得費の引継ぎ）

　「2　不動産の共有分割・現物分割」と同じです。

（3）限定承認をした場合（みなし譲渡）

　「2　不動産の共有分割・現物分割」と同じです。
　なお、納税義務は、法定相続分で案分承継されるので（国通5Ⅱ）、

Yが単独で不動産を相続する場合でも、法的には、YとZそれぞれに譲渡所得税の納税義務が発生します。

そこで、遺産分割協議において「不動産を単独相続するYが譲渡所得税も負担する」などの合意をしておく必要があります。

(4) 不動産と現預金の価値

YとZが同じ価値を相続したとして、不動産の相続か、現預金の相続かいずれが経済的に有利でしょうか。

この点、不動産を相続するYは、不動産の価値を把握する他、不動産を使用収益できるので、有利とも思えそうです。

他方、不動産の売却を念頭においた場合、先祖代々相続してきた不動産は、時価の95％（概算取得費を控除）が含み益（譲渡所得）となってしまい、将来の売却時には含み益（譲渡所得）に20.315％の所得税（住民税と復興特別所得税を含む）が課税されてしまうことを考慮しておく必要があります。

4 不動産の換価分割

〈設例4〉

被相続人Xの遺産である不動産を、YとZが換価分割した。

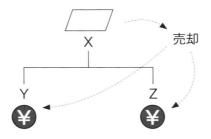

(1) 相続税

「1　基本的な遺産分割」と同じです。

相続により取得した宅地等が、相続開始の直前において被相続人等の事業の用に供されていたり、居住の用に供されていたりする場合、一定の要件を満たすことで、小規模宅地等の評価減の特例の適用を受けられ、不動産の評価額を大幅に減額（最大8割減）することができます（措法69の4）。もっとも、特例の適用を受けるには保有要件などがあるので、誰の名義で売却するか、いつ売却するかなど、注意が必要です。

(2) 譲渡所得

換価分割とは、遺産である不動産を売却して、売得金を相続人で分割する方法であり、当然、売却時に譲渡所得が発生し、譲渡所得課税が行われます。

換価分割は、通常、法定相続分での相続登記を経て、売却されるので、各相続人は、法定相続分に相当する譲渡所得についての所得税の納税義務を負担します（国通5Ⅰ・Ⅱ）。この場合、相続税額のうち一定額を取得費に加算することができます（措法39）。

換価分割においては、相続税に加えて、所得税も発生することになります。含み益のある不動産につき、換価分割をする場合、所得税の負担の大きさをしっかりと確認しておく必要があります。

5 不動産の代償分割

〈設例5〉
　被相続人Xの遺産である不動産を、Yが相続し、YはZに代償金を支払った。

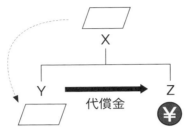

(1) 相続税

　「1　基本的な遺産分割」と同じです（課税価格については後述の本章5（2）を参照）。
　相続により取得した宅地等が、相続開始の直前において被相続人等の事業の用に供されていたり、居住の用に供されていたりする場合、一定の要件を満たすことで、小規模宅地等の評価減の特例の適用を受けられ、不動産の評価額を大幅に減額（最大8割減）することができます（措法69の4）。

(2) 相続税の課税価格（分担）

　YとZは相続税をどのように分担することになるのでしょうか。
　この点、相続税法17条は、「財産を取得した者の相続税額は、相続税総額に、相続により取得した財産の割合を乗じた金額とする。」と規定しています。

> **相続税法**
> （各相続人等の相続税額）
> **第17条** 相続又は遺贈により財産を取得した者に係る相続税額は、その被相続人から相続又は遺贈により財産を取得したすべての者に係る相続税の総額に、それぞれこれらの事由により財産を取得した者に係る相続税の課税価格が当該財産を取得したすべての者に係る課税価格の合計額のうちに占める割合を乗じて算出した金額とする。

そうすると、代償金が「相続により取得した財産」といえるかが問題になります。

そして、相続税法基本通達11の2－9に下記のような定めがあります。

> **相続税法基本通達**
> （代償分割が行われた場合の課税価格の計算）
> **11の2－9** 代償分割の方法により相続財産の全部又は一部の分割が行われた場合における法第11条の2第1項又は第2項の規定による相続税の課税価格の計算は、次に掲げる者の区分に応じ、それぞれ次に掲げるところによるものとする。
> (1) 代償財産の交付を受けた者　相続又は遺贈により取得した現物の財産の価額と交付を受けた代償財産の価額との合計額
> (2) 代償財産の交付をした者　相続又は遺贈により取得した現物の財産の価額から交付をした代償財産の価額を控除した金額

つまり、代償金は「相続により取得した財産」として、各自の課税価格は、下記の計算となり、各自の課税価格に応じて、相続税総額を案分負担することになります。

　　　各自の課税価格 ＝ 取得した遺産の価格 ± 代償金額

設例5のYは、遺産である不動産の価格から代償金を控除した金額が課税価格となり、Zは、代償金の価額が課税価格となります。

　ここからは私見となりますが、たしかに、上記通達は、相続税の公平な分担に配慮された規定です。しかし、相続財産ではない代償金を「相続により取得した財産」と扱って構わないのでしょうか。代償分割を論理的に考えると、代償金の性質は相続分を譲渡した際の対価のように思います。
　そう考えると、設例5の場合、代償金はZの相続分をYに売却した際の対価ということになり、相続税の対象となるのは、Zが相続した相続分ということになります。
　そして、相続分をYに譲渡したZには、譲渡所得が発生することになります。
　しかし、上記通達は、そのような処理をしていないので、譲渡所得の問題が宙ぶらりんになっています。詳細は次の(3)をご覧ください。

(3) 代償金と取得費

　遺産分割終了後、Yが、不動産を売却する場合、譲渡所得が発生し、所得税が課税されます。
　では、譲渡所得の計算において、Zに支払った代償金を取得費に含めることはできないでしょうか。
　設例5において、Yの相続した不動産の価値が1億円であり、YはZに代償金として5,000万円を支払っていたとします。後日、Yが当該不動産第三者に1億2,000万円で売却する際、代償金5,000万円を取得費に含め、譲渡所得（売買代金－取得費）を7,000万円とすることはできるのでしょうか（便宜上、被相続人から引き継いだ取得費は考慮していません）。

結論から述べますと、代償金を取得費に含めることはできません。
　代償金を取得費に含めることを容認すると、不動産のうち代償金に相当する部分（設例5では5,000万円）について、譲渡所得課税の機会を失ってしまうからです。
　そうすると、Zは代償金として5,000万円の価値を取得する一方、Yの取得した時価1億円の不動産は、約2,000万円（1億円×95％×20.315％）の譲渡所得課税の債務を内包しており、相続において取得した実質価値は3,000万円程度ということになってしまいます。
　そこで、代償分割を公平に行うためには、含み益に対する譲渡所得課税も考慮して代償金額を決定してしまうか、遺産分割においては共有分割とし、その後、一方の持分を買い取るという方法が考えられます（この場合、持分を売却する者が、持分についての譲渡所得税を負担することになります）。

6 相続分の譲渡

〈設例6〉
　被相続人Xの相続において、法定相続人Yが自らの相続分を同じく法定相続人のZに譲渡した。

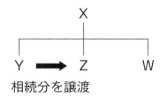

（1） 有償譲渡の場合

　YおよびZの課税関係は本章「5　不動産の代償分割」と同じです。

　Yの取得する対価については、所得税ではなく、相続税が課税されます。

（2） 無償譲渡の場合

　Yは、遺産分割の当事者から脱退し、相続人の地位を失うことになり、相続税の課税はありません。

　Zは、取得した遺産（課税価格）に応じた相続税を負担します。Zに贈与税が課税されることはありません。

7　限定承認を経た遺産分割

〈設例7〉

　被相続人Xの相続に際し、YとZが限定承認をしたところ、債務超過ではないことが判明し、遺産である不動産を、YとZで共有することにした。

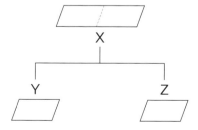

（1）限定承認によるみなし譲渡

　相続も財産の譲渡である以上、譲渡所得が発生すれば、被相続人の下で譲渡所得税が発生し、それを法定相続人が承継するのが原則です。

　しかし、相続や贈与による資産譲渡の場合、相続人が当該資産を、被相続人の所有の時から引き続き所有していたものとみなされ（取得費の引継ぎ）、譲渡所得は発生しません（課税の繰延べ、所法60Ⅰ①）。

　もっとも、限定承認をした場合、所得税法60条1項1号の「相続又は遺贈」は、限定承認を除外していることから、同条の適用はなく、課税の繰延べはなされません。

　その結果、限定承認をした場合、時価で譲渡したものとみなされ（所法59Ⅰ①）、被相続人の下で、含み益である譲渡所得が発生し、所得税の納税義務が生じ、それを相続人が承継することになってしまいます（国通5Ⅰ）。

　なお、前述の譲渡所得課税の納税義務は、遺産分割の内容にかかわらず、法定相続分で案分承継されるので、相続人間でこの納税義務の負担を考慮した遺産分割協議をすべきでしょう。

（2）限定承認により債務超過となる場合

　限定承認をしたことで、みなし譲渡による譲渡所得課税が発生し、その結果、債務超過となる場合には、納税義務も含めて相続放棄の扱いとなります（国通5Ⅰ）。

　限定承認をせず、課税の繰延べをしておけば、債務超過に陥らなかったというケースもありえますので、相続財産に含み益が見込まれる場合の限定承認は慎重に判断する必要があります。

8 遺産分割のやり直し

〈設例8〉
　被相続人Xの遺産である不動産を、当初Yが取得する内容の遺産分割協議をまとめた後、相続税の確定申告および納税を行った。しかし、その後、遺産分割協議をやり直し、Zが取得することとした。

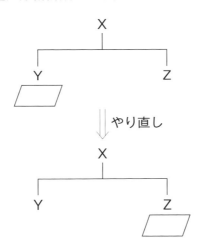

(1) 無効原因によるやり直し

　遺産分割協議に錯誤や詐欺などの無効（取消し）原因が存在し、無効によって遺産分割協議をやり直した場合、当初申告における過納分については更正の請求、不足分については修正申告により、税額の是正を行うことになります（国通23Ⅰ）。

(2) 合意解除によるやり直し

　民法上、遺産分割協議は当事者間の合意に過ぎず、当事者が遺産分割協議を合意解除し、異なる内容の遺産分割協議をまとめること

に特に問題はありません。

しかし、税務上は大きな問題があります。

一旦、有効に成立し、相続税の申告納税を済ませた遺産分割協議を合意解除し、遺産分割をやり直した場合、そのやり直しは、税務上は遺産分割以外の原因（売買、交換、贈与など）により取得したもの（再配分）として取り扱われることになるのです（相基通19の2－8ただし書き）。

> **相続税法基本通達**
> **（分割の意義）**
> **19の2－8** 法第19条の2第2項に規定する「分割」とは、相続開始後において相続又は包括遺贈により取得した財産を現実に共同相続人又は包括受遺者に分属させることをいい、その分割の方法が現物分割、代償分割若しくは換価分割であるか、またその分割の手続が協議、調停若しくは審判による分割であるかを問わないのであるから留意する。
>
> 　ただし、当初の分割により共同相続人又は包括受遺者に分属した財産を分割のやり直しとして再配分した場合には、その再配分により取得した財産は、同項に規定する分割により取得したものとはならないのであるから留意する。

したがって、当初申告時の相続税額に何ら影響を及ぼさないばかりか、新たな権利変動に伴い、新たな課税関係が発生する危険性があります。

設例8では、再協議により、不動産の所有権をYからZに移転していますが、その際、対価が支払われていれば、売買（交換）となり、譲渡所得が発生し、Yに高額の所得税が課税される危険性があります。他方、Zから対価が支払われていないと、贈与となり、譲渡所得課税の繰延べはありますが、Zに高額の贈与税が発生してし

まいます。

(3) 訴訟による判断と馴れ合い訴訟

　無効原因があれば、遺産分割のやり直しにおいて、一切問題がないという訳ではありません。

　なぜなら、当事者間では無効原因を認めていても、課税庁が無効原因を認めないということもありうるからです。

　無効原因によるやり直しなのか、合意解除によるやり直しなのかは微妙な判断が要求されるものもあり、当事者だけでは判断できないこともあります。

　そこで、無効や取消しを求めて、訴訟を提起し、裁判所に判断してもらうという方法もあります。もっとも、裁判所で判断が言い渡されたとしても、課税庁が、馴れ合い訴訟であると判断して、なお、無効原因を認めず、課税してくることもあります。

　よって、相続税の申告納税を済ませた後の遺産分割のやり直しは、課税リスクを慎重に考えるべきです。

9 遺留分減殺請求

〈設例9〉
　遺言により、被相続人Xの遺産をYが単独相続したところ、Zから遺留分減殺請求を受け、後日、遺産分割協議がまとまった。

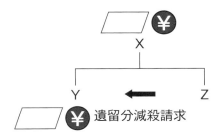

（1）当初申告前に遺産分割協議がまとまった場合

　この場合、遺産分割協議の内容に従い、相続税の申告をすれば足ります。

（2）当初申告後に遺産分割協議がまとまった場合

　まず、Yが、申告納税期間内に、遺言の記載通り、全ての遺産を相続する内容の相続税の申告納税をする必要があります。
次に、遺産分割協議がまとまった場合、Yは、すでに相続税の申告納税をしているので、更正の請求により、当初申告における過納分の還付を受けることになります。
　他方、Zは、期限後申告により、相続税の申告・納税を行います。

（3）遺留分減殺請求の遡及効と税務の関係（価額弁償の場合）

　遺留分減殺請求権は形成権であり、遺留分減殺請求権の行使により、物権的効果が発生するものと解されています。よって、遺留分

減殺請求権の行使により、遺産のうち遺留分を侵害する部分については当然に失効し、遺留分請求権者に遡及的に帰属することになります（最判昭和51年8月30日）。

そうすると、遺留分に関する協議（価額弁償の合意）の成否にかかわらず、遺留分減殺請求をした相続人は、相続開始のあったことを知った日（遺留分減殺請求日）の翌日から10か月以内に物権的効果の発生した相続分について、相続税の確定申告をし、納税しなければならないように思います。

また、その後の遺留分に関する協議において、価額弁償が行われた場合、一見「遺産分割のやり直し」同様、新たな原因により財産を取得したものとして、新たな課税関係が発生するものと考えられそうです（相基通19の2－8ただし書き参照）。

しかし、課税実務では、価額弁償が行われた場合、新たな原因による取得（再配分）とは考えず、相続による財産の取得と考え、前述の（1）（2）のような処理が行われます。

これは、遺留分減殺請求権の行使による物権的効果により、遺贈の効力は遡及的に失われるものの（第一遡及効）、その後、価額弁償がなされることで、遺留分減殺請求権の行使による物権的効果が失われ、遺言の効果が復活する（第二遡及効）と解されるからです

図表22　遺留分減殺請求権の遡及効

遺　　贈	：相続開始時に所有権移転の効果発生
↑	
遺留分減殺請求権の行使	：物権的効果の発生により、遺贈の効果は遡及的に失われる（第一遡及効）。
↑	
価額弁償の合意	：遺留分減殺請求の物権的効果は失われ、遺贈の効果が復活する（第二遡及効）。

（最判平成4年11月16日）。

　よって、価額弁償金についても、代償分割における代償金と同様の処理をすることになるのです（本章「5　不動産の代償分割」(96頁)参照）。

10 法人への贈与（遺言・遺産分割）

〈設例10〉
　ケース1　被相続人Xが、所有する不動産を法人に遺贈した。

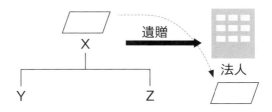

　ケース2　被相続人Xの遺産である不動産を、YおよびZが法人に贈与する遺産分割を行った。

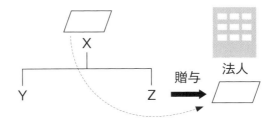

(1) 法人への遺贈によるみなし譲渡（ケース1）

　遺贈も資産の譲渡である以上、譲渡所得が発生すれば、被相続人の下で譲渡所得税が発生し、それを法定相続人が承継するのが原則

です。

　しかし、相続や贈与による資産譲渡の場合、相続人が当該資産を、被相続人の所有の時から引き続き所有していたものとみなされ、譲渡所得は発生しません（課税の繰延べ、所法60Ⅰ①）。

　もっとも、法人には、個人を規律する所得税法60条1項1号は適用されないことから、法人に遺贈した場合、同号による課税の繰延べはなされません。

　そもそも、課税の繰延べ（取得費の引継ぎ）は、将来、譲渡（売却）によって含み益が顕在化したときにまとめて譲渡所得課税を行うという理論であり、そもそも法人からは取得税は取れず、さらに継続企業の前提（ゴーイングコンサーン）がある法人には、含み益顕在化の機会がなく、課税の繰延べを認めるべきではないのです。

　そこで、法人への遺贈においては、課税の繰延べはなされず、遺贈時に時価で譲渡したものとみなされ（所法59Ⅰ①）、その結果、被相続人の下で、含み益である譲渡所得が発生し、所得税の納税義務が生じ、相続人がそれを承継することになります。

　この点、法人への包括遺贈（財産を特定することなく、全部あるいは割合を示して遺贈する方法）であれば、包括受遺者である法人は、相続人と同様に扱われ（国通5Ⅰ、所法2Ⅱ）、他の相続人と一緒に譲渡所得にかかる所得税を案分承継することになります（法人が財産全部の包括遺贈を受けた場合には、法人のみが被包括遺贈人の譲渡所得税を単独承継）。他方、特定遺贈（特定の財産を遺贈する方法）の場合、包括遺贈のような規定がないことから、受遺法人以外の相続人は、財産を取得しておらず、キャピタルゲインを取得していないにもかかわらず、被相続人の譲渡所得にかかる所得税を承継しなければならないことになってしまいます。

　さらに、法人としても、時価相当額の受贈益が発生し（益金算入）、多額の法人税の負担を余儀なくされるリスクもあります。

つまり、受遺法人への遺贈は、法人税、所得税の観点から、課税リスクが高く、さらには、課税の不公平感を招く危険性があるので、注意が必要です。

この点、公益法人等に対する一定要件を満たす遺贈（寄附）で国税庁長官の承認を受けたものは、遺贈がなかったものとみなされ、譲渡所得課税がなくなります（措法40Ⅰ）。

（2）遺産分割による法人への贈与（ケース2）

では、遺言ではなく、遺産分割において、法人に不動産を取得させることを合意した場合は、どのような課税関係になるのでしょうか。

この場合、一旦、法定相続人が不動産を相続し、それを法人に新たに贈与するという法律構成になります。

つまり、法定相続人は通常の相続税を負担するほか、新たな贈与に際し、様々な課税関係が発生することになります。

具体的には、贈与者においては、課税の繰延べは認められず（法人への贈与なので）、含み益である譲渡所得が発生し、所得税の納税義務が生じるのです。

法人においても、時価で譲り受けしたものとして、時価相当額の受贈益が発生します（益金算入）。

なお、相続によって取得した財産を公益法人等に贈与（寄附）する場合、一定の要件の下で贈与した財産を相続税の課税対象から除外する特例があります（措法70）。

第2章 離婚における課税関係

1 慰謝料

〈設例1〉

　XとYが離婚し、XがYに慰謝料を支払った。

(1) 慰謝料と贈与税

　慰謝料を受け取ったYには贈与税が課税されるでしょうか。
慰謝料の支払いは、精神的損害についての賠償、つまり、損害賠償債務の履行であり、「贈与」ではありません。

　よって、慰謝料を受け取ったYにおいて、贈与税が課税されることはありません。

　もっとも、合意した慰謝料が、本来あるべき慰謝料額に比べて著しく高額であったり、実体がないにもかかわらず精神的損害を仮装して慰謝料名目で財産を移転したり、もはや損害賠償債務の履行と

認められない場合、贈与と認定され、Yに贈与税が課税されることがあります。その場合、Xも、贈与税の連帯納付義務を負担することになります。

　他方、慰謝料を支払わなかったり、本来あるべき慰謝料額に比べて著しく低額の場合、理論上は、Yによる債務免除と評価し、Xに贈与税が課税される可能性があります。もっとも、損害賠償請求において、請求額が確実に認められるかは不確かであり、回収には相当のコストもかかるので、個人間において、損害賠償請求権を行使しなかったからといって、債務免除（贈与）と認定されることはほとんどないように思います。

　いずれにしても、実務上、本来あるべき慰謝料額は、一義的・確定的に算出できる性質のものではなく、また、離婚に伴う財産（不動産）の拠出は、財産分与や養育費など様々な事情を加味してなされますので、課税上、曖昧な部分は残ります。

（2）慰謝料と所得税

　では、慰謝料を受け取ったYに所得税は課税されるのでしょうか。
　慰謝料の支払いは、心身に加えられた損害に基因して取得する損害賠償金であり、所得税法9条1項17号において、非課税所得と規定されています。
　よって、所得税が課税されることはありません。
　実質的にみても、慰謝料は、精神的損害についての補塡に過ぎず、Xの不法行為により、Yの「－10」に凹んだ部分が、慰謝料の受け取りにより、「＋10」という補塡がなされ、「±0」に戻るに過ぎず、所得税を課税できるだけの担税力は認められません。
　この点、同じ不法行為の損害賠償債権であっても、そもそも所得に該当する債権が損害賠償債権に転化したに過ぎない場合、非課税所得の例外には該当せず、所得税が課税されます。損害賠償名目で

あれば、一律に所得課税がなされないという訳ではないので、注意が必要です。

> **所得税法**
> **（非課税所得）**
> **第９条** 次に掲げる所得については、所得税を課さない。
> 　一～十六　〔略〕
> 　十七　保険業法（平成７年法律第105号）第２条第４項（定義）に規定する損害保険会社又は同条第九項に規定する外国損害保険会社等の締結した保険契約に基づき支払を受ける保険金及び損害賠償金（これらに類するものを含む。）で、心身に加えられた損害又は突発的な事故により資産に加えられた損害に基因して取得するものその他の政令で定めるもの
> 　十八　〔略〕
> ２　〔略〕

（3）慰謝料を所有不動産で代物弁済した場合

Xが、Yに支払うべき慰謝料を所有不動産で代物弁済した場合、代物弁済時に譲渡所得が発生し、Xに譲渡所得課税が行われます。Xは、財産を失い、さらに譲渡所得課税までなされるので、不動産による代物弁済には注意が必要です。

さらに、代物弁済は、本来あるべき慰謝料額と不動産の時価との関係（価格差）で、少し難しい問題が生じます。以下、３つのケースに分けて説明します。

ケース１　「本来あるべき慰謝料額 ＝ 不動産の時価」の場合

不動産の取得額と時価との差額が譲渡所得（含み益）となり、譲渡所得課税の問題のみが生じます（譲渡費用や特別控除の問題は省

略します。後述の他の場合も同じ)。

ケース2　「本来あるべき慰謝料額 ＜ 不動産の時価」の場合

　不動産の取得額と時価との差額が譲渡所得（含み益）となり、譲渡所得課税の問題が生じますが、この場合の譲渡所得の計算は、本来あるべき慰謝料額ではなく、不動産の時価を基準とします。
　加えて、不動産を時価よりも不相当に低額で譲渡していることになり、いわゆる「低額譲渡」が問題になります。低額譲渡においては、不動産の時価と対価の差額が著しい場合、差額分は、XからYへの贈与とみなされ（相法7）、Yに贈与税が課税される可能性があります。

ケース3　「本来あるべき慰謝料額 ＞ 不動産の時価」の場合

　不動産の取得額と時価との差額が譲渡所得（含み益）となり、譲渡所得課税がなされます。このときも、譲渡所得の計算は、本来あるべき慰謝料額ではなく、不動産の時価を基準とします。
　ここでは、不動産を時価よりも不相当に高額で譲渡していることになり、いわゆる「高額譲渡」が問題になります。高額譲渡においては、不動産の時価と対価の差額が著しい場合、差額分は、YからXへの債務免除とみなされ（相法8）、Xに贈与税が課税される可能性があります。

> **相続税法**
> **（贈与又は遺贈により取得したものとみなす場合）**
> **第7条**　著しく低い価額の対価で財産の譲渡を受けた場合においては当該財産の譲渡があった時において、当該財産の譲渡を受けた者が、当該対価と当該譲渡があった時における当該財産の時価と

> の差額に相当する金額を当該財産を譲渡した者から贈与により取得したものとみなす。
> **第8条** 対価を支払わないで、又は著しく低い価額の対価で債務の免除、引受け又は第三者のためにする債務の弁済による利益を受けた場合においては、当該債務の免除、引受け又は弁済があつた時において、当該債務の免除、引受け又は弁済による利益を受けた者が、当該債務の免除、引受け又は弁済に係る債務の金額に相当する金額（対価の支払があつた場合には、その価額を控除した金額）を当該債務の免除、引受け又は弁済をした者から贈与（当該債務の免除、引受け又は弁済が遺言によりなされた場合には、遺贈）により取得したものとみなす。
> 一・二　〔略〕

　もっとも、前述の整理は、あくまでも論理的に考えた場合の帰結に過ぎません。

　実務上、本来あるべき慰謝料額は、一義的・確定的に算出できる性質のものではなく、また、離婚に伴う財産（不動産）の拠出は、財産分与や養育費など様々な事情を加味してなされますので、課税上、曖昧な部分は残ります。

2 財産分与

〈設例2〉

財産分与

XとYが離婚し、XがYに財産を分与した。

（1）金銭を財産分与した場合

　財産分与は、夫婦が婚姻期間中に形成した財産を離婚時に清算するものであり、「贈与」ではなく、「所得」にも該当しません。

　よって、財産分与を受けたYにおいて、贈与税や所得税が課税されることはありません。

　もっとも、慰謝料と同様、婚姻期間中に形成した財産の半分よりも高額の財産を分与したり、財産分与名目で不当に財産を移転させたりする場合は、贈与と認定され、Yに贈与税が課税されることになります。この場合、Xも贈与税の連帯納付義務を負担するので注意が必要です。

　他方、分与する財産が、婚姻期間中に形成した財産の半分よりも低額の場合は、債務免除と認定され、Xに贈与税が課税されることになります。この場合も、Yは贈与税の連帯納付義務を負担します。

　以上のように、本来あるべき財産分与額と、実際に分与した財産

額に乖離があると、慰謝料と同様の問題が生じ、贈与税課税の可能性がでてきます。

特に、財産分与請求権は、慰謝料請求権と異なり、ある程度、一義的・確定的に算出できる性質の債権です。さらには、財産分与の名の下に、財産を不正に移転して、相続税を潜脱するという利用も考えられます。そうすると贈与税の立法趣旨が妥当することから、財産分与は、慰謝料に比較して、贈与税の課税リスクが高いといえます。

とはいうものの、離婚に伴う財産（不動産）の拠出は、清算的財産分与のみならず、扶養的財産分与の側面もあり、さらには、慰謝料など様々な事情を加味してなされますので、やはり、慰謝料同様、課税上、曖昧な部分は残ります。

（2）所有不動産を財産分与した場合

①Yへの課税

財産分与は、夫婦が婚姻期間中に形成した財産を離婚時に清算するものであり、所有不動産による財産分与も、「贈与」でもなく、「所得」にも該当しません。

よって、財産分与により不動産を取得したYにおいて、贈与税や所得税が課税されることはありません。ただし、本来あるべき財産分与額と、実際に分与した不動産の時価に乖離があると、慰謝料同様、低額譲渡、高額譲渡として、贈与税課税の可能性がでてきます。これには問題がありますので、詳細は後述（③）します。

②Xへの課税

他方、Xは、所有不動産の財産分与により、譲渡所得が発生し、Xに譲渡所得課税が行われます。

この点、財産分与における資産の移転が、所得税法33条1項の「資

産の譲渡」に該当するかが問題となるのですが、最高裁昭和50年5月27日判決は、「不動産の譲渡によって財産分与の義務が消滅するのであり、譲渡人は、分与義務の消滅という経済的利益を享受したものということができ、譲渡所得が生じる」と判示し、「資産の譲渡」として譲渡所得課税を認めています。

しかし、学説においては、財産分与は、夫婦共通財産の清算、共有物の分割に過ぎず、譲渡人は経済的利益を享受しておらず、「資産の譲渡」に該当せず、譲渡所得は生じていないとの考えも有力です。

以下の通達は、前掲最高裁判決を前提とするものです。

所得税基本通達
（財産分与による資産の移転）
33－1の4 民法第768条《財産分与》（同法第749条及び第771条において準用する場合を含む。）の規定による財産の分与として資産の移転があった場合には、その分与をした者は、その分与をした時においてその時の価額により当該資産を譲渡したこととなる。
（注）
1 財産分与による資産の移転は、財産分与義務の消滅という経済的利益を対価とする譲渡であり、贈与ではないから、法第59条第1項《みなし譲渡課税》の規定は適用されない。
2 財産分与により取得した資産の取得費については、38－6参照

（分与財産の取得費）
38－6 民法第768条《財産分与》（同法第749条及び第771条において準用する場合を含む。）の規定による財産の分与により取得した財産は、その取得した者がその分与を受けた時においてその時の価額により取得したこととなることに留意する。

この点、妻が購入費用を負担し、実質的な共有持分を有する場合、財産分与という名目で妻に名義変更しても譲渡所得課税の問題は生じません。

　なお、居住用不動産を分与（譲渡）する場合、3,000万円の譲渡所得の特別控除があり（措法35）、さらに、所有期間が10年を超える居住用不動産を分与（譲渡）する場合には、軽減税率の適用があります（措法31の3）。

③課税関係の検討

　以下、本来あるべき財産分与額と、実際に分与した不動産の時価の違いで場合分けをして、課税関係を検討します。

ケース1　「本来あるべき財産分与額 ＝ 不動産の時価」の場合

　Xにおいては、「分与義務の消滅という経済的利益を享受したもの」と評価され、譲渡所得課税が行われます。

　Yにおいては、贈与税や所得税は課税されません。

ケース2　「本来あるべき財産分与額 ＜ 不動産の時価」の場合

　ケース1と同じく、Xにおいて、譲渡所得課税の問題が生じます。この場合の譲渡所得の計算は、本来あるべき財産分与額ではなく、不動産の時価を基準とします。

　加えて、不動産を時価よりも不相当に低額で譲渡していることになり、いわゆる「低額譲渡」が問題になります。低額譲渡においては、不動産の時価と対価の差額が著しい場合、差額分は、XからYへの贈与とみなされ（相法7）、Yに贈与税が課税される可能性があるのです。

ケース3　「本来あるべき財産分与額 ＞ 不動産の時価」の場合

　ここでも、Xにおいて、譲渡所得課税の問題が生じます。この場合の譲渡所得の計算は、本来あるべき財産分与額ではなく、不動産の時価を基準とします。

　さらに、ここでは、不動産を時価よりも不相当に高額で譲渡していることになり、いわゆる「高額譲渡」が問題になります。高額譲渡においては、不動産の時価と対価の差額が著しい場合、差額分は、YからXへの債務免除とみなされ（相法8）、Xに贈与税が課税される可能性があります。

　もっとも、前述の整理も慰謝料同様、あくまで論理的に考えた場合の帰結ではあります。

3　養育費

〈設例3〉

　養育費の支払いは「贈与」そのものであり、養育費を受け取るYには贈与税が課税されるように思われます。

　しかし、養育費のうち、通常必要と認められるものは、担税力はなく、贈与税を課すべきでないので、非課税財産とされています（相法21の3Ⅰ②）。

> 相続税法
> （贈与税の非課税財産）
> 第21条の3　次に掲げる財産の価額は、贈与税の課税価格に算入しない。
> 　一　〔略〕
> 　二　扶養義務者相互間において生活費又は教育費に充てるためにした贈与により取得した財産のうち通常必要と認められるもの
> 　三～六　〔略〕
> 2　〔略〕

　また、相続税法基本通達21の3において、生活費は、通常の日常生活を営むのに必要な費用であり、治療費、教育費を含むものと解されています（相基通21の3－3）。

　さらに、教育費は、教育上通常必要と認められる学資、教材費、文具費等をいい、義務教育に限られないものとされています（同21の3－4）。

　他方で、養育費名目であっても、預貯金をしたり、株式や家屋の買入代金で使用した場合は、もはや、生活費や教育費ではなく、贈与税が課税されるので（同21の3－5）、注意が必要です。

> 相続税法基本通達
> 〔扶養義務者からの生活費等関係〕
> （「生活費」の意義）
> 21の3－3　法第21条の3第1項第2号に規定する「生活費」とは、その者の通常の日常生活を営むのに必要な費用（教育費を除く。）をいい、治療費、養育費その他これらに準ずるもの（保険金又は損害賠償金により補てんされる部分の金額を除く。）を含むものとして取り扱うものとする。

(「教育費」の意義)
21の3-4　法第21条の3第1項第2号に規定する「教育費」とは、被扶養者の教育上通常必要と認められる学資、教材費、文具費等をいい、義務教育費に限らないのであるから留意する。

(生活費及び教育費の取扱い)
21の3-5　法第21条の3第1項の規定により生活費又は教育費に充てるためのものとして贈与税の課税価格に算入しない財産は、生活費又は教育費として必要な都度直接これらの用に充てるために贈与によって取得した財産をいうものとする。したがって、生活費又は教育費の名義で取得した財産を預貯金した場合又は株式の買入代金若しくは家屋の買入代金に充当したような場合における当該預貯金又は買入代金等の金額は、通常必要と認められるもの以外のものとして取り扱うものとする。

(生活費等で通常必要と認められるもの)
21の3-6　法第21条の3第1項第2号に規定する「通常必要と認められるもの」は、被扶養者の需要と扶養者の資力その他一切の事情を勘案して社会通念上適当と認められる範囲の財産をいうものとする。

(生活費等に充てるために財産の名義変更があった場合)
21の3-7　財産の果実だけを生活費又は教育費に充てるために財産の名義変更があったような場合には、その名義変更の時にその利益を受ける者が当該財産を贈与によって取得したものとして取り扱うものとする。

第3章 税理士との連携方法

　昨今、「士業連携」「異業種交流」「ワンストップ・サービス」などの言葉をよく耳にします。

　私たち弁護士が、クライアントの抱えている問題の本質的な解決を目指す場合、その問題は様々な専門分野にまたがっており、弁護士の専門性だけで解決できるケースは、むしろ希であるとさえいえるのではないでしょうか。

　そこで、分野の異なる専門家が、相互に連携を図り、問題の本質的解決を図っていく必要性は、誰もが感じていることだと思います。特に、弁護士の立場からすると、税理士と連携することで、クライアントの抱えている問題を、法的側面のみならず、税務的側面からも考察することができ、クライアントのニーズに即応した実践的かつ多様な解決が可能になるでしょう。

　他方で、各専門家は、他の専門分野に疎かったり、自負や不信感が入り混じったりして、具体的な連携方法についてのイメージが持てず、あるいは、相互に丸投げをするだけの関係となり、単なる紹介に終わってしまう現実があるようにも思います。

　そこで、本章では、税理士と弁護士の実効的、機能的な連携について考えてみたいと思います。

1 連携の困難さ
——相互に感じる不満やストレス

　税理士と弁護士は、相互に高度な専門性を有する専門家であるため、相互の専門分野についての理解を深めることが難しく、それ故、連携を図ろうとした場合、不満やストレスを感じてしまうことが多々あるようです。

　税理士が弁護士に対して感じる不満やストレス、弁護士が税理士に対して感じる不満やストレスをまとめると、以下のようになると思います。

〈税理士が弁護士に感じる主な不満やストレス〉

①**弁護士に相談すると、当事者がさらに揉めてしまう**

　税理士の不満として、弁護士に依頼すると、さらに揉めてしまったり、紛争が先鋭化、複雑化してしまうといったものがあります。

　特に、遺産分割においては、弁護士が一人の法定相続人の代理人に就任すると、遺産分割協議がこじれてしまい、長期化してしまうといった不満を税理士からよく聞きます。

②**税務リスクを考慮しないで解決してしまう**

　これもよく聞く不満です。

　弁護士がクライアントの紛争を解決した後、税理士が財産移転に伴う税務処理をすることになりますが、弁護士が税務リスクを考慮せずに紛争解決をしてしまったため、税理士が、その後の税務処理で苦戦を強いられるという不満です。

　例えば、小規模宅地等の特例の適用を考慮せずに遺産分割協議をまとめてしまったり、安易に限定承認を選択してしまったり、譲渡

所得課税を考慮せずに離婚協議をまとめてしまったりなどです。

　また、和解や調停の場において、和解金・解決金の所得区分を意識していなかったり、消費税や源泉徴収義務に配慮していなかったり、債務免除益を考慮しなかったりなど、税務リスクを考慮しない紛争解決の問題は枚挙にいとまがありません。

③**専門用語、理論が通じにくい**

　建家貸付地、無償返還届、取得価額の引継ぎ、寄附金、みなし譲渡……。いずれも、税理士からすれば平易な専門用語なのですが、これらは税務に関する専門用語であるため、税務に明るい弁護士でない限り、理解困難な用語となってしまいます。弁護士と税理士では共通の専門言語が乏しいように思います。

　また、法人による資産の無償譲渡しが益金に算入されたり、限定承認により時価で譲渡したものとみなされたり、民法上は「交換」でも、税法上は「交換＋贈与」と認定されてしまったりなど、弁護士の専門領域だけでは理解不能な理論も多数存在します。特に私的自治を重視する弁護士にとって、実質課税という概念は理解しにくいように思います。

　専門用語や理論が通じにくい異分野の専門家間では、十分なコミュニケーションを図るのも難しいでしょう。

④**コスト（弁護士費用）が不明、高い**

　税理士にとって、弁護士費用の相場が分からず、あるいは、弁護士費用が高額であるため、弁護士に相談しにくい、顧客に弁護士を紹介しにくいといったストレスもあります。

〈弁護士が税理士に感じる主な不満やストレス〉

①弁護士が利益相反行為をできないことを理解してもらいにくい

　これは、税理士側の前述の「①相談すると、さらに揉めてしまう」という不満の裏返しでもあります。

　弁護士は、利益相反行為に対しては非常に敏感であり、クライアント個人の利益のみを追求しなければならない立場にあります。そのため、税理士側からの「遺産分割を丸く収めて欲しい」「融通を利かせて欲しい」という要望に応じるのが困難な場合もあり、税理士の理解を得られないことが多々あります。

②税理士は紛争の顕在化を嫌う

　弁護士は日常的に訴訟をしており、紛争の顕在化、不服申立てや訴訟提起に抵抗は少ないのですが、税理士からすれば非日常的なことであり、クライアントに契約違反、債務不履行、違法な課税処分があった場合でも、訴訟提起や不服申立てには消極的になることが多いように思います。

③専門用語、理論が通じにくい

　これは、税理士側の前述の「③専門用語、理論が通じにくい」と同様の不満です。

　税理士は、会計的・簿記的発想に慣れている一方で、純粋な法理論には慣れていないところもあります。

　弁護士からすれば、民法は、社会のルール、常識を法律にしたものであり、理解は容易かもしれませんが、民法に苦手意識を持つ税理士はたくさんいます。

2 連携が困難な背景

1で述べたような不満やストレスは専門分野の違いから生じているのですが、その背景には、弁護士が法律の専門家である一方、税理士は会計の専門家であるという問題があると思います。

そもそも、弁護士は税法を含む法律の専門家であり、税理士は税法および税務会計の専門家であり、さらには、公認会計士が会計の専門家であることからすると、公認会計士、税理士、弁護士の三者を、「会計」「税務」「法律」という専門業務で区分けすると、下図のようになるはずです。

〈本来の専門業務の区分け〉

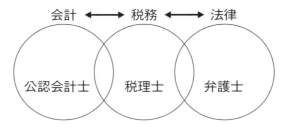

しかし、現実には、仕訳、決算書作成等の会計業務を行う税理士は、より会計側（左）に専門業務がシフトしているように思われます。

他方、構造が複雑で、政策的な例外の多い税法は、弁護士にとって極めて難解な法律であり、税法を避ける弁護士も多く、弁護士もより法律側（右）に専門業務がシフトしているように思われます。

〈現実の専門業務の区分け〉

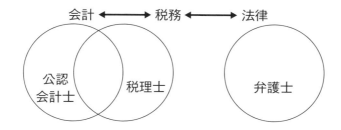

　その結果、税理士業務と弁護士業務が分断され、相互の理解が難しく、連携を困難にしているように思います。

3 より機能的な連携に向けて
―― 新時代の弁護士に要求されるもの

　弁護士側から見た税理士との連携に必要なポイントを「税理士が感じる不満やストレス」の観点から考えてみたいと思います。

①**弁護士に相談すると、さらに当事者が揉めてしまうという点**
　これは、税理士に対し、弁護士特有の概念である利益相反について丁寧に説明し、利益相反の理解を深めてもらうべきでしょう。また、弁護士としても、決して紛争の激化、複雑化は望んでおらず、紛争が激化してしまうのは、当事者の本心であるということを説明し、理解してもらう必要もあります。

②**税務リスクを考慮しないで解決してしまうという点**
　これは、私たち弁護士が税務の理解を深め、あるいは税務リスクがありそうなときには速やかに税理士に確認するという仕事の手法

をとることで解消できると思います。そのためには、日々の業務において課税リスクを意識し、敏感になることも重要でしょう。また、このような仕事の手法をとることで、税理士が身近となり、さらに連携も強化されるでしょう。

③**専門用語、理論が通じにくいという点**
　これも、②同様、税務の理解を深めるほかないと思います。他分野の専門家と連携を強化する上で、共通言語の取得はとても重要です。

④**コスト（弁護士費用）が不明、高いという点**
　私は、税理士と一緒に仕事をするとき、弁護士費用を顧客のみならず、税理士にも開示して、私の費用相場感を理解してもらうように努めています。

　つまりは、税理士が弁護士に感じている不満やストレスを真摯に受けとめ、税法や課税実務を勉強し、税理士の専門分野の理解に努めること、税理士側が誤解しているであろう「弁護士に相談すると、当事者がさらに揉めてしまう」という問題や弁護士費用については、丁寧に説明し、弁護士の専門分野を理解してもらうように努めることが大切なように思います。
　さらに、問題の本質的解決という視点からは、弁護士は、税理士のみならず、様々な専門分野と連携していく必要があります。今後、社会からは、そのようなハイブリッド型の弁護士が要求されていくものと思います（特に家事事件においては福祉分野の専門家との連携は必須となるものと思われます。また、相続に関しては、資産管理分野、生命保険分野の専門家との連携は必須でしょう）。
　近い将来、上記のようなハイブリッド型のジェネラリストタイプ

の弁護士か、あるいは、真逆の、特定の分野の専門性に特化したブティック型のスペシャリストタイプの弁護士でなければ生き残っていけない時代がやってくるのではないでしょうか。

　本章の視点が、今後の弁護士としての業務へのかかわり方のヒントになれば光栄です。

〈将来の弁護士に望まれる専門業務〉

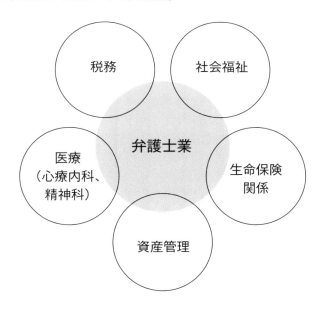

Column 2　税務調査

税務調査とは

　税務調査とは、課税庁による、納税者が適切に納税をしているかを調査する手続をいいます。申告納税制度を採用する我が国において、納税者が不適切な納税（無申告、過少納税など）をする可能性は否定できないことから、税務調査は、申告納税制度において不可欠の制度ということになります。税務調査と聞くと、ネガティブなイメージを持ちがちですが、申告納税制度の基盤となる課税の公平（適切に納税している納税者の権利）を確保するといった重要な役割も担っています。

　税務調査には、国税局査察部による強制調査（国税犯則取締法に基づきます。いわゆる「マルサ」）と、国税局資料調査課や国税局調査部、管轄税務署の調査官による任意調査（国税通則法に基づきます）があります。一般的に税務調査と呼んでいるのは、任意調査の中の実地調査です。

```
強制調査　（査察、マルサ）
任意調査─┬─準備調査
         └─実地調査（狭義の「税務調査」）
```

　税務調査においては、調査官は、代表者や経理担当者に質問をしたり、帳簿書類その他必要な資料を調査したり、場合によっては、取引先にも同様の質問、調査（反面調査、銀行調査）をしたりすることもあります。

　一般的に、調査官2人で対応し、調査期間は1〜3日くらいです。

　そして、納税者は、税務調査による指摘事項に納得すれば、増額の修正申告します。税務調査による指摘事項に納得できない場合、納税者が自発的に修正申告をすることはありませんが、その場合は、税務署が増額の更正処分をしてきます。そして、当該更正処分に納得できない納税者は、再調査請求、審査請求、税務訴訟で争っていくことになります。

　なお、平成23年国税通則法の改正（平成25年1月施行）により、税務調査の透明性、納税者の予見可能性を高め、課税庁の説明責任を強化する観点から、税務調査手続が明確に定められました。

　具体的には、①税務調査に際しての事前通知制度（ただし、事前通知をすれ

ば正確な税額の把握が困難となったり、調査に支障を及ぼしたりする一定の場合には事前通知を要さない)、②納税者から提出された物件の預かりの手続、課税庁が帳簿書類等の「提示」「提出」を求める手続、③調査終了時の手続(調査結果の通知、説明など)などが明確に規定されました。

相続税、贈与税の税務調査の統計(国税庁ホームページより)

　平成25事務年度(平成25年7月1日から平成26年6月30日まで)および平成26事務年度(平成26年7月1日から平成27年6月30日まで)の相続税、贈与税の年間の税務調査件数、非違件数、非違割合の統計は以下のとおりです。

　ちなみに、相続税の申告が必要な被相続人の人数は、平成25年(1月1日から12月31日まで)が5万4,421人であり、平成26年(1月1日から12月31日まで)が5万6,239人でした。

　期間が異なり、税務調査の入る時期も区々なので単純計算はできませんが、目安として申告をした被相続人の数と税務調査の件数を比べると、平成25年で21.9％、平成26年で22％の割合で税務調査が入っていることになります。

　そして、相続税については、税務調査に入った8割で過少申告などの非違が認定されており、贈与税については、税務調査に入った9割で過少申告などの非違が認定されていることが分かります。

相続税

	平成25事務年度	平成26事務年度
税務調査件数	11,909件	12,406件
申告漏れ等の非違件数	9,809件	10,151件
非違割合	82.4%	81.8%
重加算税賦課件数	1,061件	1,258件
重加算税賦課割合	10.8%	12.4%
申告漏れ課税価格	3,087億円	3,296億円
重加算税賦課対象	360億円	433億円

贈与税

	平成25事務年度	平成26事務年度
税務調査件数	3,786件	3,949件
申告漏れ等の非違件数	3,424件	3,616件
非違割合	90.4%	91.6%
申告漏れ課税価格	216億円	176億円

※事務年度は、同年7月1日から翌年6月30日までの期間をいいます。

資料編

贈与税（暦年贈与）の速算表

　課税標準は、1年間に贈与を受けた金額（複数の者から複数の贈与を受けている場合は合算）から基礎控除110万円を控除した金額。

直系尊属から20歳以上への贈与（特例税率）

課税標準	税率	控除額
200万円以下	10%	—
400万円以下	15%	10万円
600万円以下	20%	30万円
1,000万円以下	30%	90万円
1,500万円以下	40%	190万円
3,000万円以下	45%	265万円
4,500万円以下	50%	415万円
4,500万円超	55%	640万円

左記以外の贈与（一般税率）

課税標準	税率	控除額
200万円以下	10%	—
300万円以下	15%	10万円
400万円以下	20%	25万円
600万円以下	30%	65万円
1,000万円以下	40%	125万円
1,500万円以下	45%	175万円
3,000万円以下	50%	250万円
3,000万円超	55%	400万円

主な特例

・配偶者への居住用不動産の贈与における配偶者控除（20年以上、2,000万円まで）
・結婚、子育て資金の一括贈与にかかる贈与税の非課税制度（20歳以上50歳未満、1,000万円まで）
・教育資金の一括贈与にかかる贈与税の非課税制度（30歳未満、1,500万円まで）
・住宅取得等資金贈与の非課税制度（20歳以上、1,500万円まで）
・相続時精算課税制度（60歳以上から20歳以上へ、2,500万円、それ以上は20％）

相続税の速算表

課税標準は、遺産総額から、基礎控除（3,000万円＋600万円×相続人数）を控除した金額。

課税標準	税率	控除額
1,000万円以下	10%	—
3,000万円以下	15%	50万円
5,000万円以下	20%	200万円
1億円以下	30%	700万円
2億円以下	40%	1,700万円
3億円以下	45%	2,700万円
6億円以下	50%	4,200万円
6億超	55%	7,200万円

主な財産評価の特例

・小規模宅地等の評価減（事業用、居住用、8割減）
・広大地の評価減
・貸家建付地の評価減

主な税額控除等の特例

・配偶者の税額軽減（2分の1あるいは1億6,000万円まで）
・未成年者控除（満20歳になるまでの年数×10万円）
・障害者控除（満85歳になるまでの年数×10万円）
・贈与税額控除（3年以内の贈与）
・相次相続控除（10年以内の相続、遺贈）
・2割加算（親、子、孫、配偶者以外の相続）

所得税（総合課税）の速算表

速算表

課税所得金額	税率	控除額
195万円以下	5%	0円
195万円を超え330万円以下	10%	97,500円
330万円を超え695万円以下	20%	427,500円
695万円を超え900万円以下	23%	636,000円
900万円を超え1,800万円以下	33%	1,536,000円
1,800万円を超え4,000万円以下	40%	2,796,000円
4,000万円超	45%	4,796,000円

※平成25年から平成49年まで「復興特別所得税」として、所得税額の2.1%が上乗せ課税されます。

所得税の納税額確定

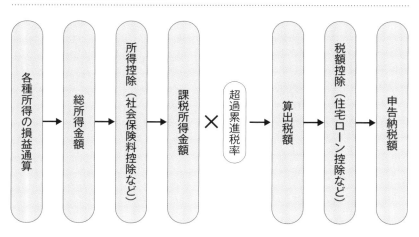

各種所得の損益通算 → 総所得金額 → 所得控除（社会保険料控除など）→ 課税所得金額 × 超過累進税率 → 算出税額 → 税額控除（住宅ローン控除など）→ 申告納税額

所得税（譲渡所得・分離課税）の税率

　譲渡所得の課税標準は、総収入金額から、取得費・譲渡費用・特別控除を控除した金額。

※不動産や株式の譲渡所得は分離課税（他の所得と合算せず）
※不動産の取得費が不明の場合、収入金額の5％を取得費とする（概算取得費）。

税率	長期譲渡（保有期間5年超）	所得税　15.315％
		住民税　5％
	短期譲渡（保有期間5年以内）	所得税　30.63％
		住民税　9％

※所得税の税率は、平成25年から平成49年まで「復興特別所得税」として所得税額の2.1％が上乗せ課税された数値です。

主な特例

・居住用財産を譲渡した場合の特例（3,000万円まで控除、または、軽減税率）
・空き家を譲渡した場合の特例（3,000万円まで控除）
・相続財産を譲渡した場合の特例（3年以内、相続税を取得費に加算）
・収用、交換等の場合の特例（課税の繰延べ）
・買換えの場合の特例（課税の繰延べ）

源泉徴収の対象とされる主な所得

利子所得、配当所得（所法181）
給与所得（所法183）
退職所得（所法199）
公的年金等（所法203の2）
以下の報酬・料金等（所法204）
　　　原稿料、講演料等
　　　弁護士、税理士、司法書士等に支払う報酬・料金等
　　　社会保険診療報酬
　　　専属契約（プロ野球、モデル、騎手など）等の契約金
　　　外交員、集金人等に支払う報酬・料金等
　　　映画、テレビ、ラジオ等の報酬・料金等
　　　出演料、芸能人に支払う報酬・料金等
　　　ホステス等に支払う報酬・料金等
　　　（役務提供の）契約金
　　　広告宣伝のために支払う賞金等
生命保険契約、損害保険契約等に基づく年金（所法207）
匿名組合契約等に基づく利益分配（所法210）
非居住者の所得のうち国内源泉のある一定のもの（所法212）

(旧) 弁護士報酬会規早見表

民事事件の着手金及び報酬金（17条）

経済的利益	着手金	報酬金
300万円以下の場合	8%	16%
300万円を超え3,000万円以下の場合	5％＋ 9万円	10％＋ 18万円
3,000万円を超え3億円以下の場合	3％＋ 69万円	6％＋138万円
3億円を超える場合	2％＋369万円	4％＋738万円

※事件の内容により、30％の範囲内で増減額することができる。着手金の最低額は10万円。
※遺産分割請求事件の経済的利益は対象となる相続分の時価であるが、財産の範囲、相続分について争いがない部分については時価の3分の1（13条）。

裁判外の手数料（38条）

項目	分類	手数料	
契約書類及びこれに準じる書類作成	非定型	300万円以下の場合	10万円
		300万円を超え3,000万円以下の場合	1％＋ 7万円
		3,000万円を超え3億円以下の場合	0.3％＋ 28万円
		3億円を超える場合	0.1％＋ 88万円
遺言書作成	非定型	300万円以下の場合	20万円
		300万円を超え3,000万円以下の場合	1％＋ 17万円
		3,000万円を超え3億円以下の場合	0.3％＋ 38万円
		3億円を超える場合	0.1％＋ 98万円
遺言執行		300万円以下の場合	30万円
		300万円を超え3,000万円以下の場合	2％＋ 24万円
		3,000万円を超え3億円以下の場合	1％＋ 54万円
		3億円を超える場合	0.5％＋204万円

著者紹介

馬渕泰至 (まぶち・やすし)

弁護士（みなと青山法律事務所代表）・税理士
mail：mabuchi@m-ao.com

●略歴
　1974年　京都市生まれ。
　1997年　同志社大学法学部法律学科卒業
　2002年　弁護士登録（東京弁護士会）
　2010年　青山学院大学大学院法学研究科修士課程（税法務専攻）修了
　　　　　税理士登録（東京税理士会）

●専門業務
　税務と法律の重なる領域を主たる専門分野とし、税理士事務所の法的支援、サポート業務を中心に、税務調査の立ち会い、税務争訟などに積極的に取り組んでいる。

●主な著書、論文
　『税理士があまり知らない 相続紛争と遺産分割調停』清文社、2014年（編著）
　『和解・調停条項と課税リスク』新日本法規、2013年（編著）
　『Q&A ドメスティックバイオレンス　児童・高齢者虐待 対応の実務』新日本法規、2009年（共著）
　『Q&A 子どもをめぐる法律相談』新日本法規、2011年（共著）
　『馴れ合い訴訟と更正の請求──国税通則法23条1項と同2項の関係について』青山ビジネスロー2巻2号
　『譲渡所得課税における遺産分割にかかる弁護士費用の取得費該当性について』青山ビジネスロー3巻2号

●主な講演実績
　日本弁護士連合会、東京弁護士会、長野県弁護士会、東京税理士会（麻布支部、上野・小石川・本郷・浅草支部、江東西支部、新宿支部）、千葉県税理士会（木更津支部、成田支部）

弁護士のための家事事件税務の基本
―相続・離婚をめぐる税法実務―

2016年10月25日　初版発行
2017年 3 月24日　 3 刷発行

著　者　馬渕泰至
発行者　佐久間重嘉
発行所　学 陽 書 房

〒102-0072　東京都千代田区飯田橋1-9-3
営業　TEL　03-3261-1111　FAX　03-5211-3300
編集　TEL　03-3261-1112
振替　00170-4-84240
http://www.gakuyo.co.jp/

装丁／佐藤 博
本文デザイン・DTP制作／岸 博久（メルシング）
印刷／プロスト　　製本／東京美術紙工
Ⓒ Yasushi Mabuchi 2016, Printed in Japan

ISBN 978-4-313-31398-9 C3032
乱丁・落丁本は、送料小社負担にてお取り替え致します。
定価はカバーに表示してあります。

学陽書房の好評既刊！

新版 要約離婚判例

本橋美智子 著
A5判並製400頁
定価 本体3,800円+税
ISBN 978-4-313-31314-9

171件の判例をコンパクトに解説する実務家のための判例ガイド！
探しやすい、使いやすいと好評の『要約離婚判例151』に、23件の最新判例を追加・差替えした改題新版。近年増加する子の監護や引渡し事件を充実させるなど、社会や判例の傾向にあわせ収録判例を見直した。

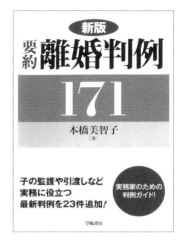

相続・遺言の法律相談
第1次改訂版

髙岡信男 編著
A5判並製432頁
定価 本体4,000円+税
ISBN 978-4-313-51134-7

相続・遺言に関するあらゆる問題を網羅し、コンパクトでわかりやすいと実務家に大好評の本書を、法改正にあわせ全面改訂！家事事件手続法の施行、非嫡出子の相続分をめぐる民法改正や、平成25年度税制改正による相続税法・贈与税法等の改正にともない修正を加えた。

学陽書房の好評既刊！

受任につながる相続相談の技法

高橋恭司 著
A5判並製208頁
定価　本体2,400円＋税
ISBN　978-4-313-31394-1

年間100件以上相続事件を受任する著者が説く、受任力を上げるための基本書。どうすれば受任件数を増やせるか、その極意を8つの勘どころとして解説。さらに著者自身の相談の様子を紙上にて再現。遺留分減殺請求、相続対策などの場面ごとに、押さえるべきポイントを示した。

和解交渉と条項作成の実務
問題の考え方と実務対応の心構え・技術・留意点

田中　豊 著
A5判並製272頁
定価　本体3,000円＋税
ISBN　978-4-313-31391-0

法律実務家にとって必要不可欠の能力である和解交渉と和解条項作成の実務を、60のコンパクトなQ＆Aで解説。瑕疵のないより良い和解のため、裁判官と弁護士としての幅広い経験に基づく実務的な提案と、当事者の真意を正確に反映させるための和解条項作成の留意点を解説。